OPTICAL and GEOMETRICAL ALLOVER PATTERNS

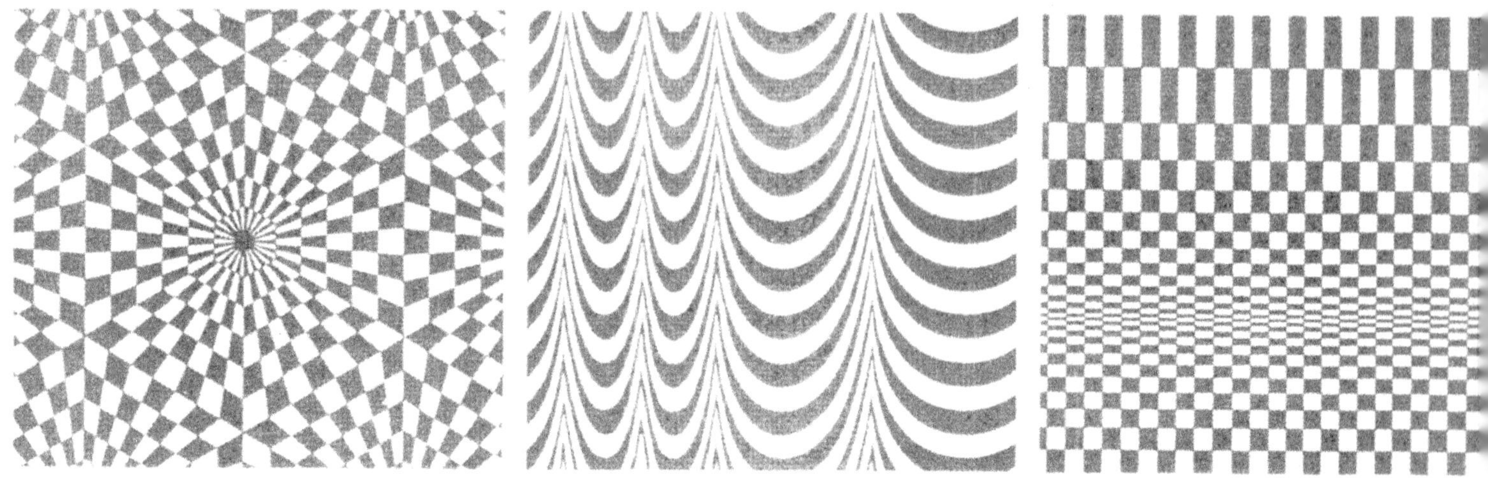

OPTICAL and GEOMETRICAL ALLOVER PATTERNS

70 Original Drawings

by JEAN LARCHER

Dover Publications, Inc., New York

Optical and Geometrical Allover Patterns: 70 Original Drawings is a new work, first published by Dover Publications, Inc., in 1979.

DOVER *Pictorial Archive* SERIES

International Standard Book Number

ISBN-13: 978-0-486-23758-9
ISBN-10: 0-486-23758-3

Manufactured in the United States by Courier Corporation
23758302
www.doverpublications.com

AVANT-PROPOS

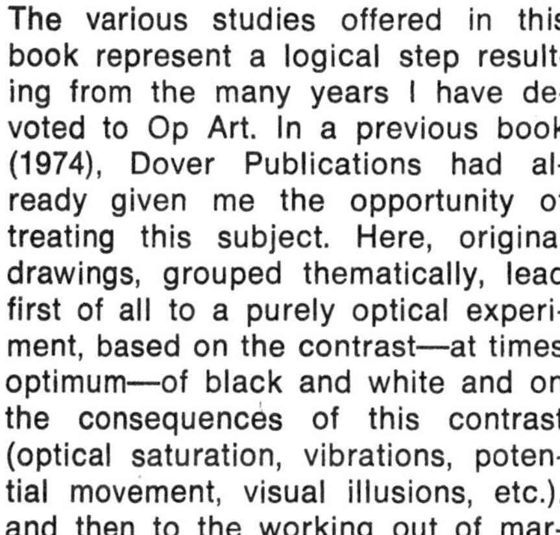

Les différentes études présentées dans ce livre sont le fruit d'une démarche logique issue des nombreuses années que j'ai consacrées à l'Op-Art. Les Editions Dover lors d'un ouvrage précédent (1974) m'avaient déjà donné l'occasion d'aborder ce sujet. Ici des dessins originaux regroupés par thème, aboutissent d'abord à une recherche purement optique due au contraste parfois optimum du noir et du blanc et aux conséquences qui en découlent (saturation optique, vibrations, mouvement virtuel, illusions visuelles, etc.), d'autre part à l'élaboration de dessins sans marge, sans limite, devenant de véritables trames. Ces réseaux géometriques peuvent s'étendre d'une manière systématique, régulière et continue malgré certains incidents, commes les dégradés par exemple, ceux-ci se renouvelant à l'infini également. Les travaux de peintres tels que Vasarely, à l'origine, puis surtout de Bridget Riley, Morellet, Sol Lewitt et quelques autres m'ont conduit à aborder l'idée du dessin répétitif, mécanique issu d'un processus sériel de façon à effacer une composition trop subjective due au hasard ou à l'inspiration exaltée du moment.

Ces dessins procèdent donc des études, observations et conclusions que j'ai tirées de certains phénomènes que l'opposition du noir et du blanc peuvent occasionner. Les étudiants et professeurs en design, ainsi que les designers professionnels pourront développer, exploiter et retravailler ces thèmes proposés, de nouvelles solutions s'ouvriront alors à eux. Je pense d'autre part qu'avec l'aide de la technologie et suffisamment d'imagination créatrice, le film, la vidéo, l'ordinateur, peuvent être d'excellents outils à la disposition du designer pour manipuler, déformer, amplifier jusqu'à des dimensions architectoniques ces dessins et passer ainsi du plan au volume puis à l'espace. Avec de la réflexion, de la logique et de l'imagination, des solutions et des effets encore plus intéressants pourront être obtenus.

C'est avant tout une réflexion sur la vision que je propose dans cet ouvrage, l'observateur lucide et attentif sera confronté à de multiples phénomènes rétiniens qui pourront d'ailleurs être différents suivant les observateurs eux-mêmes. De ce mouvement en puissance virtuelle se déclenchera, je le souhaiterais, une réflexion-interrogation, sur la vision des choses en général. Et si j'ai porté mon choix depuis longtemps sur ce chromatisme binaire qu'est le noir et blanc, c'est bien dans un souci de radicaliser le propos. L'apport du subjectif et de l'émotif de la couleur étant écarté, l'observateur pourra apprendre à regarder et non pas à voir.

Jean Larcher

PREFACE

The various studies offered in this book represent a logical step resulting from the many years I have devoted to Op Art. In a previous book (1974), Dover Publications had already given me the opportunity of treating this subject. Here, original drawings, grouped thematically, lead first of all to a purely optical experiment, based on the contrast—at times optimum—of black and white and on the consequences of this contrast (optical saturation, vibrations, potential movement, visual illusions, etc.), and then to the working out of marginless, limitless drawings which become true "screens" or "grids." These geometric networks can be extended in a systematic, regular and continuous manner, if one excepts certain difficulties, such as the shading off of tones—and these too can be repeated infinitely. The work of such painters as Vasarely, at the outset, then especially Bridget Riley, Morellet, Sol Lewitt and a few others, led me to deal with the idea of a repetitive, mechanical design derived from a serial process, one that would do away with an overly subjective composition that was the result of chance or the emotional inspiration of the moment.

Thus these designs proceed from the studies, observations and conclusions that I have drawn from certain phenomena that can be brought about by the opposition of black and white. Design students and teachers, as well as professional designers, will be able to develop, utilize and rework these suggested themes, and will then come upon new solutions. Moreover, I believe that, with the aid of technology and enough creative imagination, film, TV and the computer can be excellent tools available to the designer for manipulating, deforming and amplifying these designs to architectonic proportions, thus moving from the plane to three dimensions and then to space. With reflection, logic and imagination, even more interesting solutions and effects will be obtainable.

What I set forth in this book is principally a meditation on vision. The clear-minded and attentive viewer will come face to face with multiple retinal phenomena which may be different for different observers. I hope that this potential action will lead to a state of reflection and questioning on the nature of vision in general. And if I have long championed the binary color scheme of black and white, it has been with the purpose of bringing the issue to a head. Once the subjective and emotional elements inherent in color have been set aside, the viewer will be able to learn how to look and not merely see.

Jean Larcher

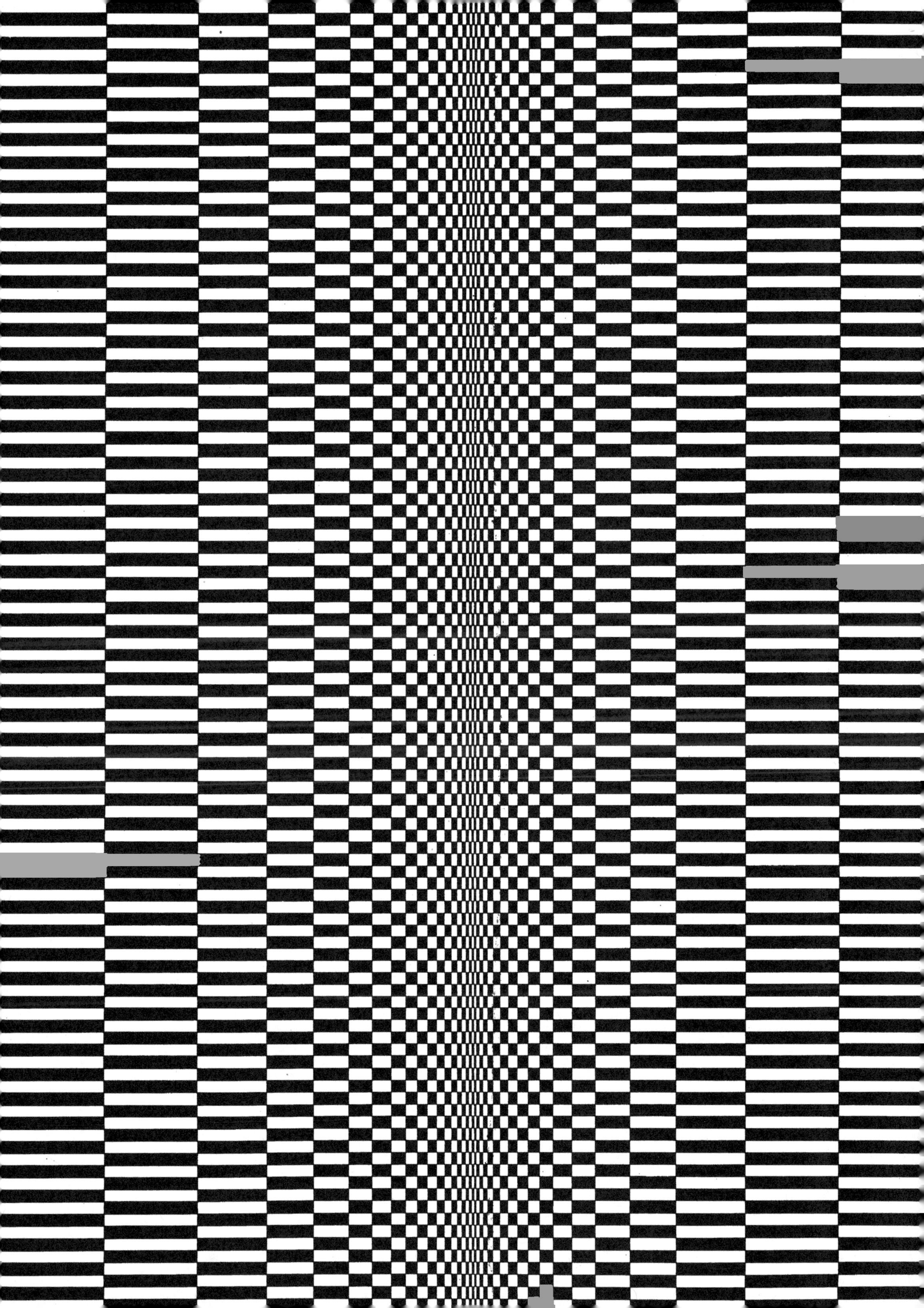

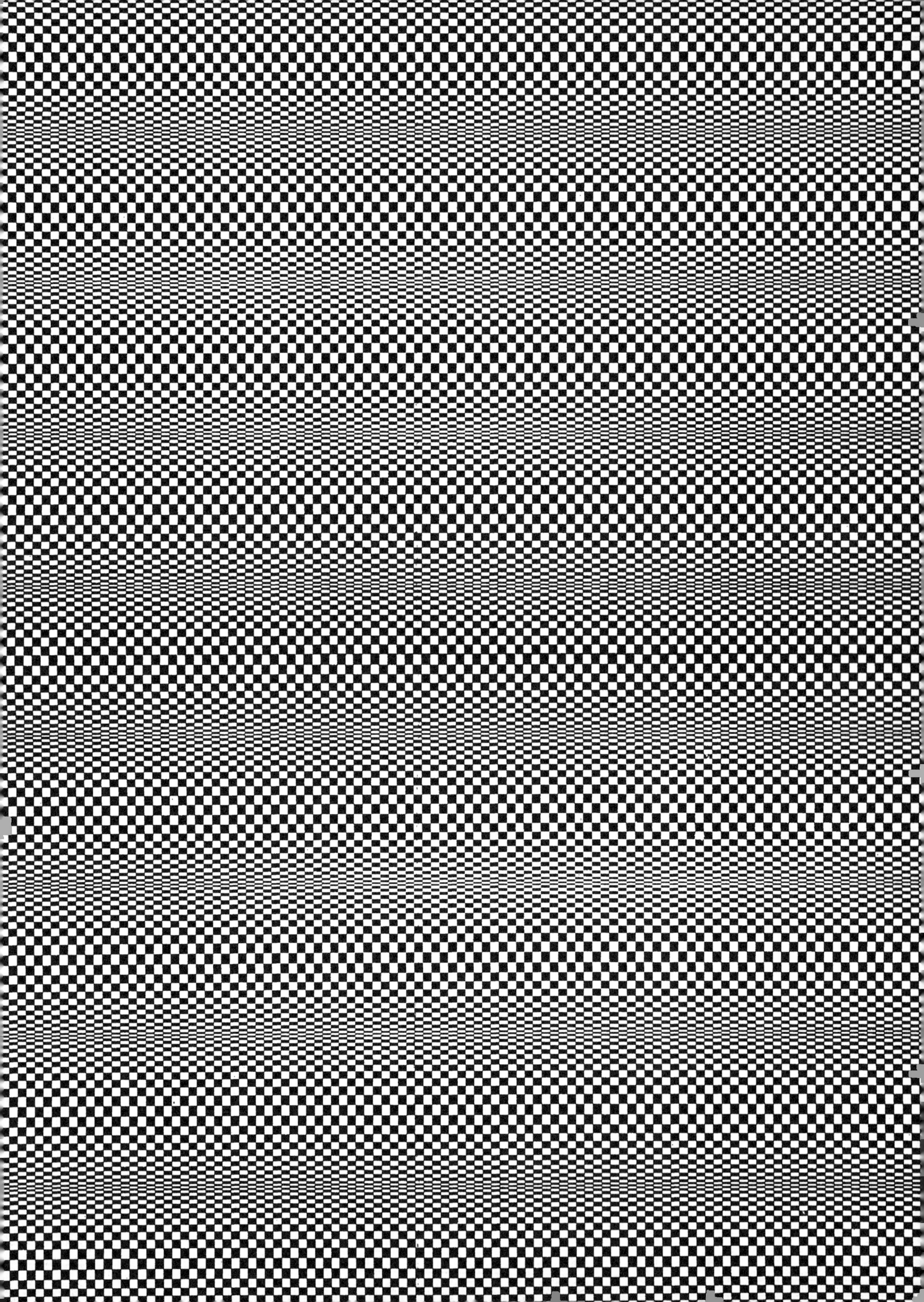

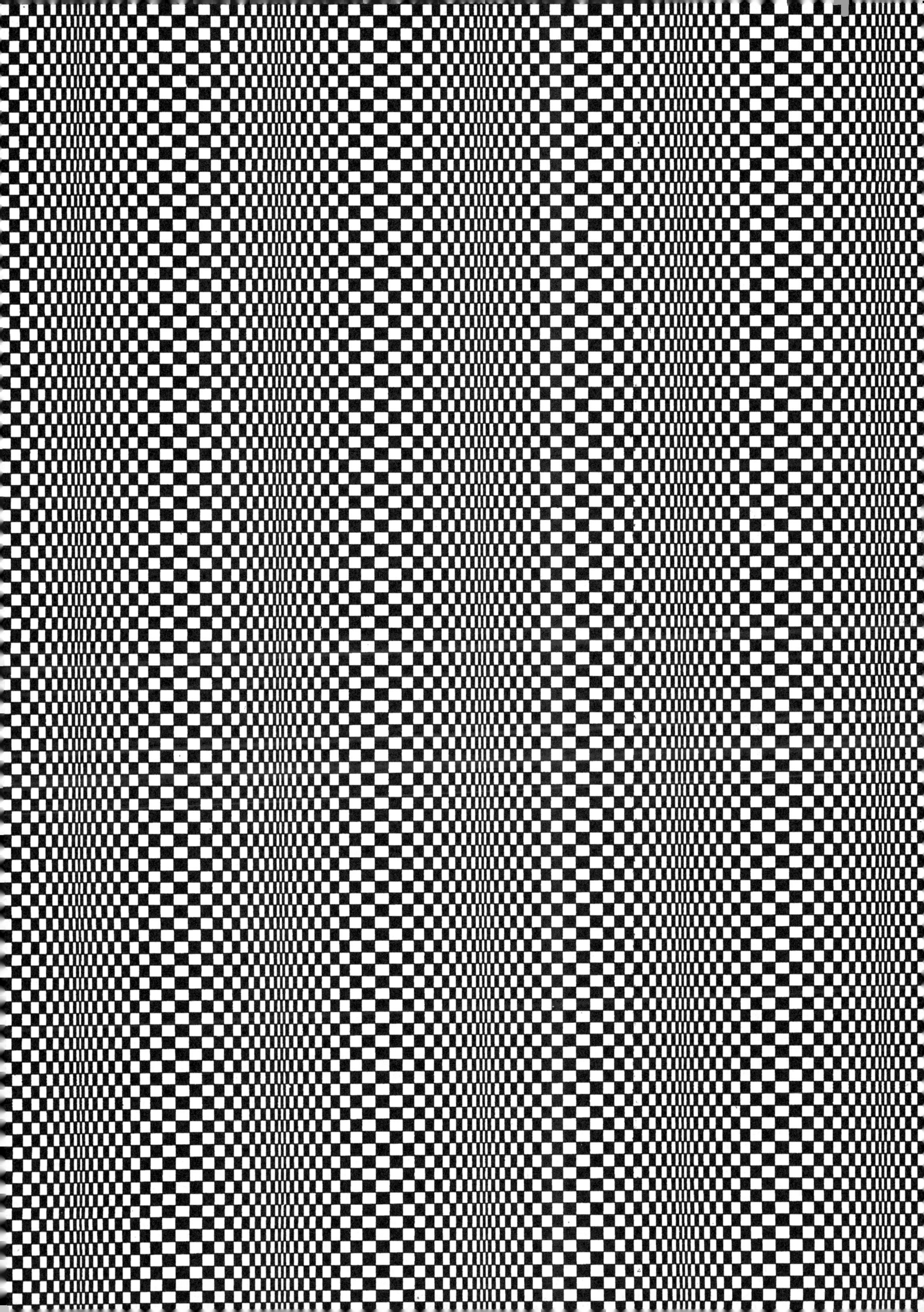

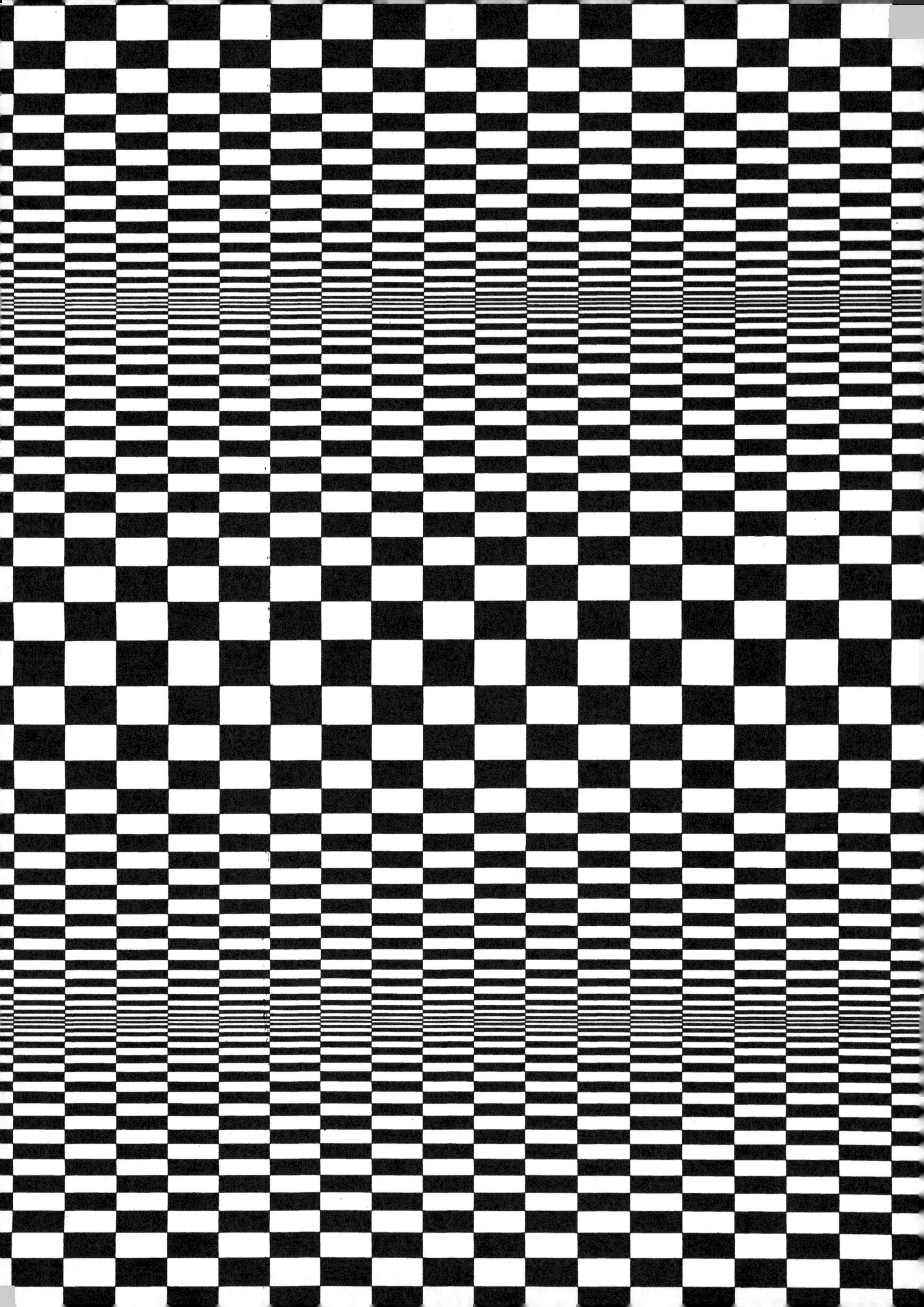

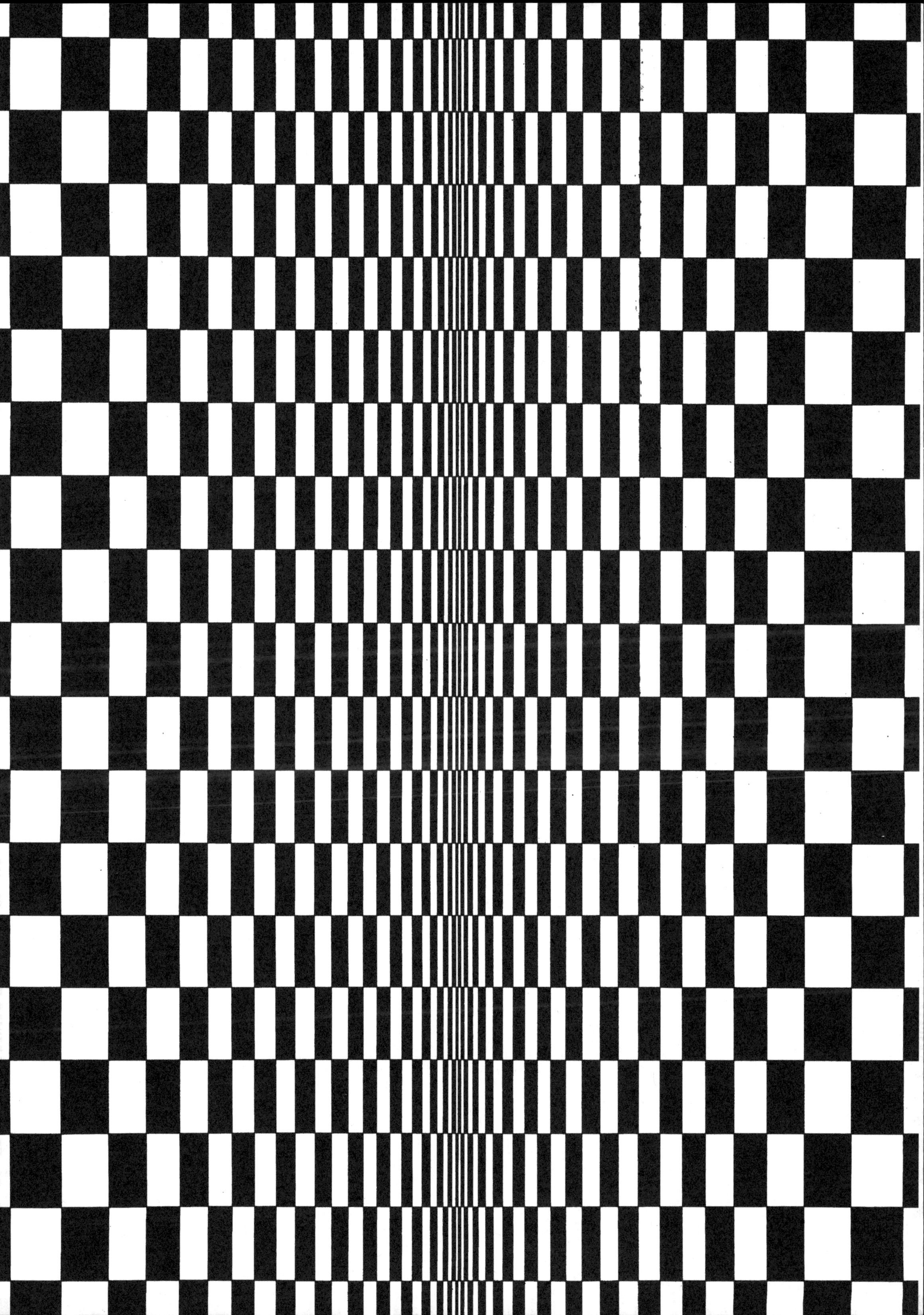

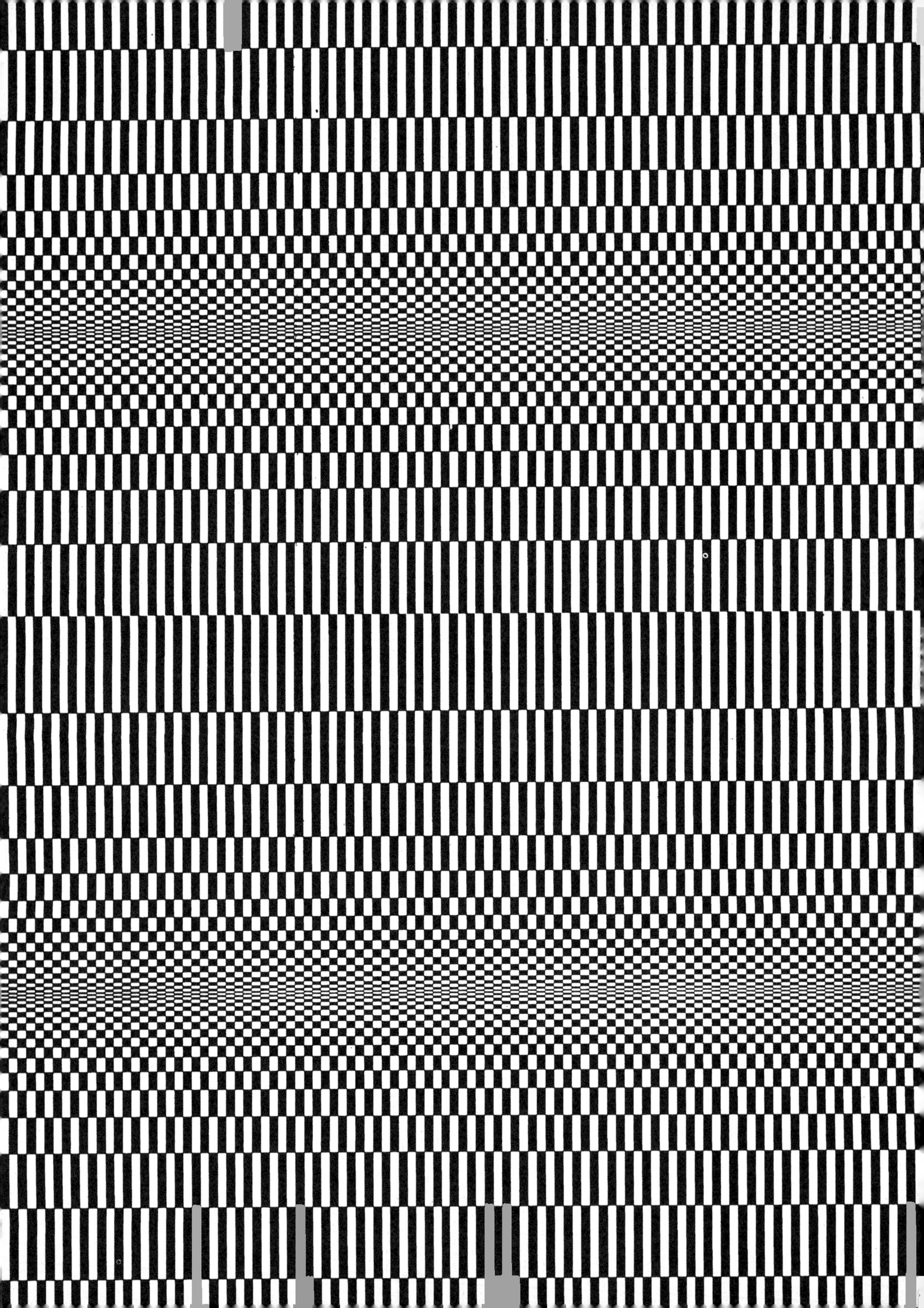

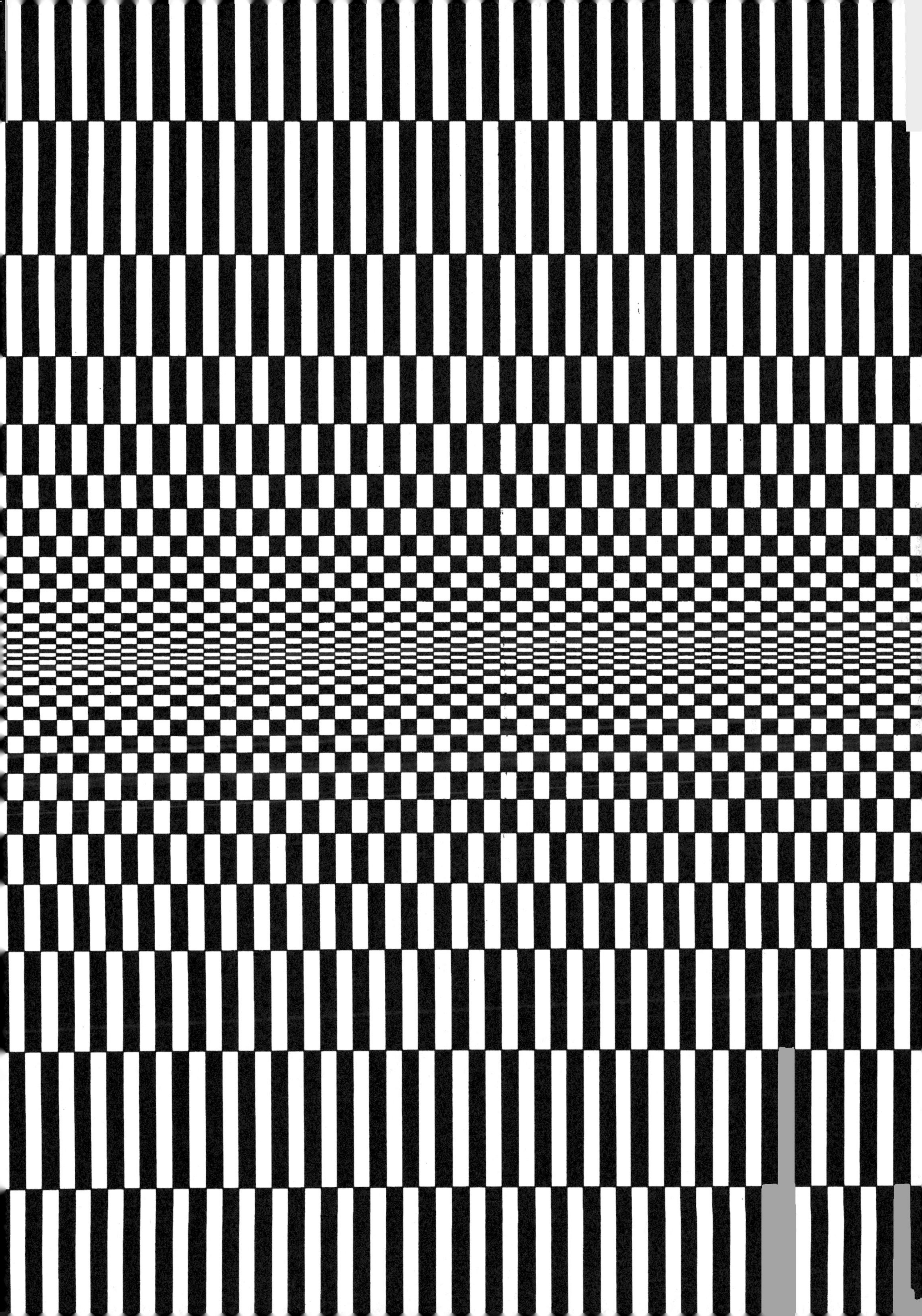

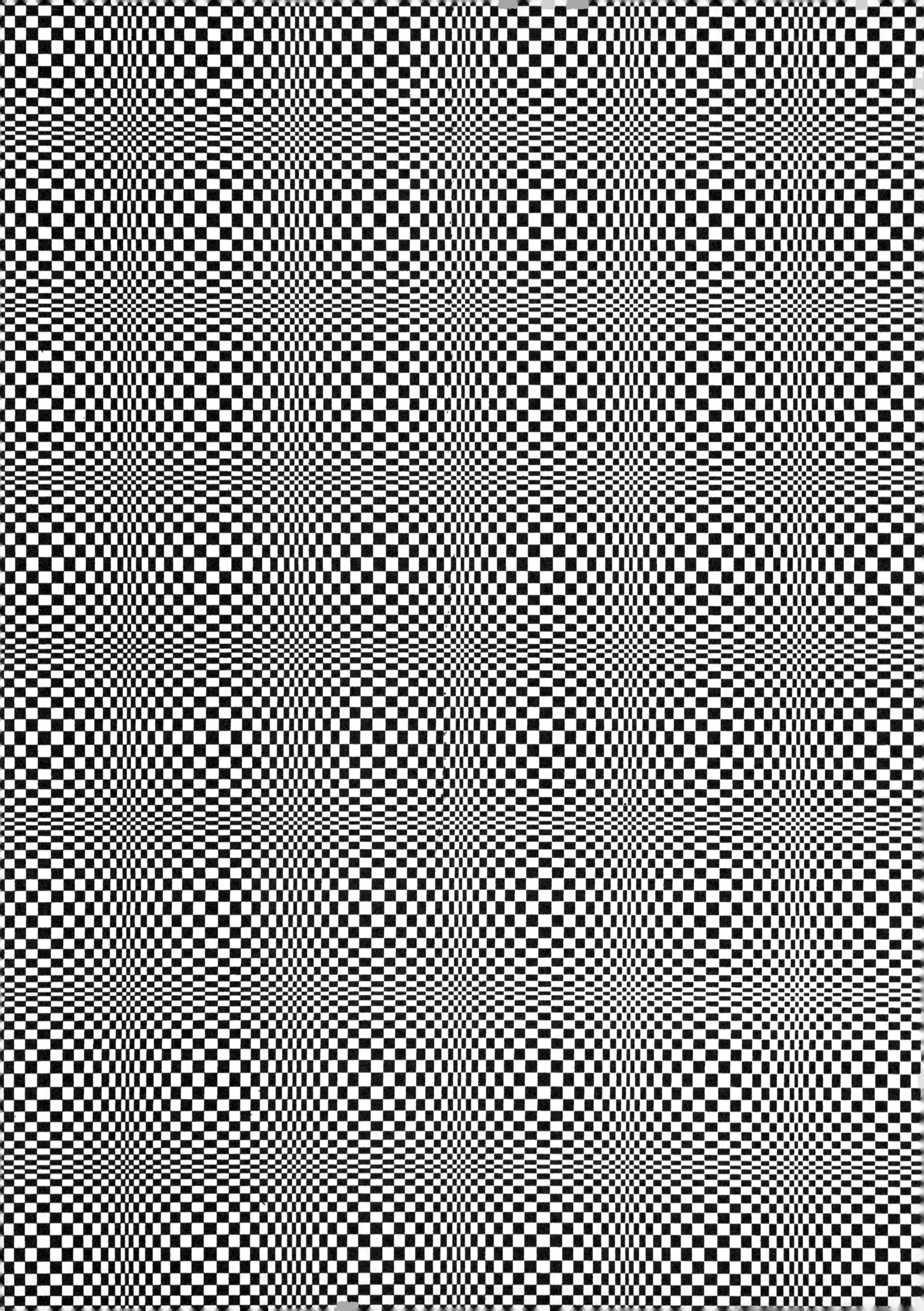

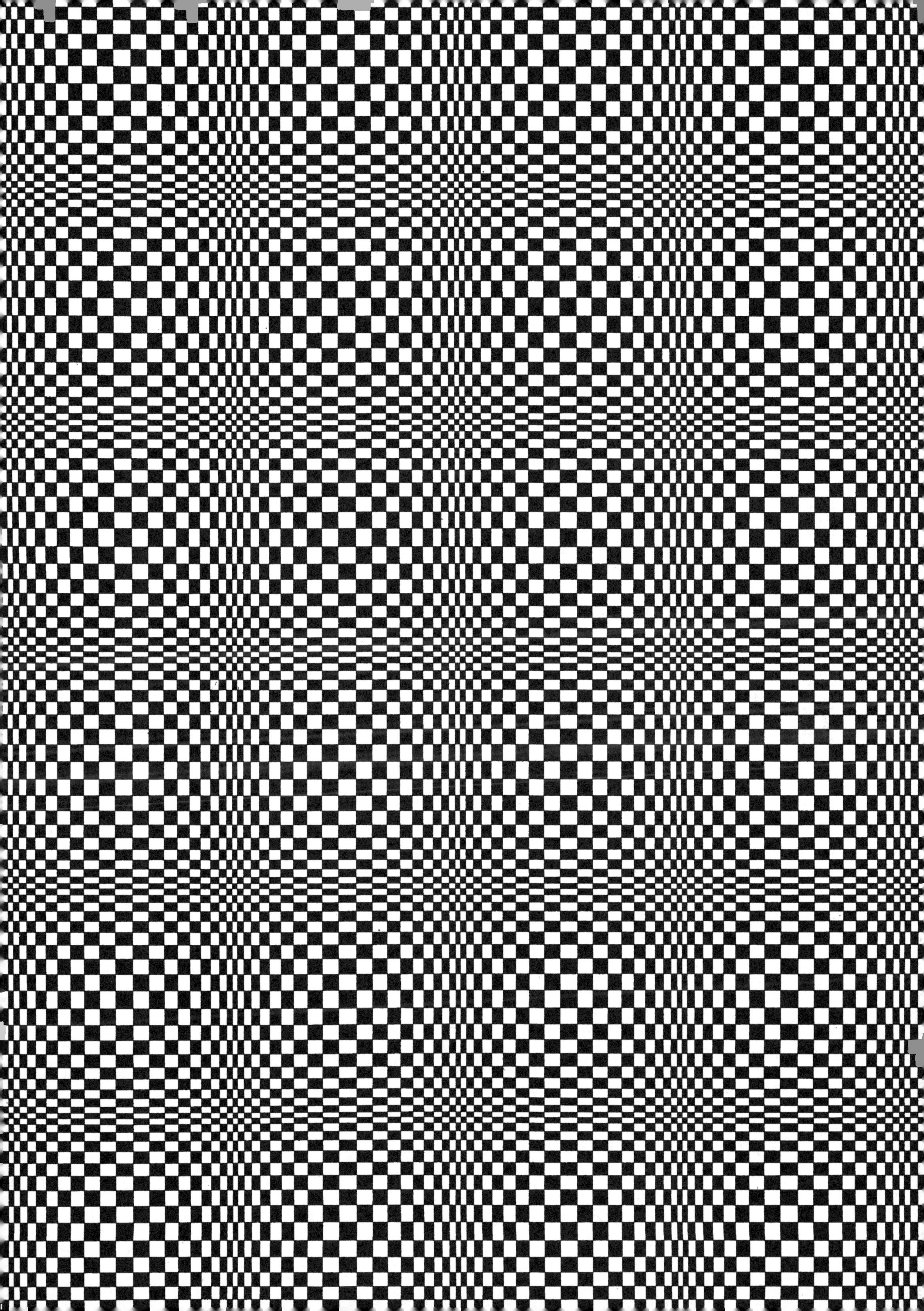

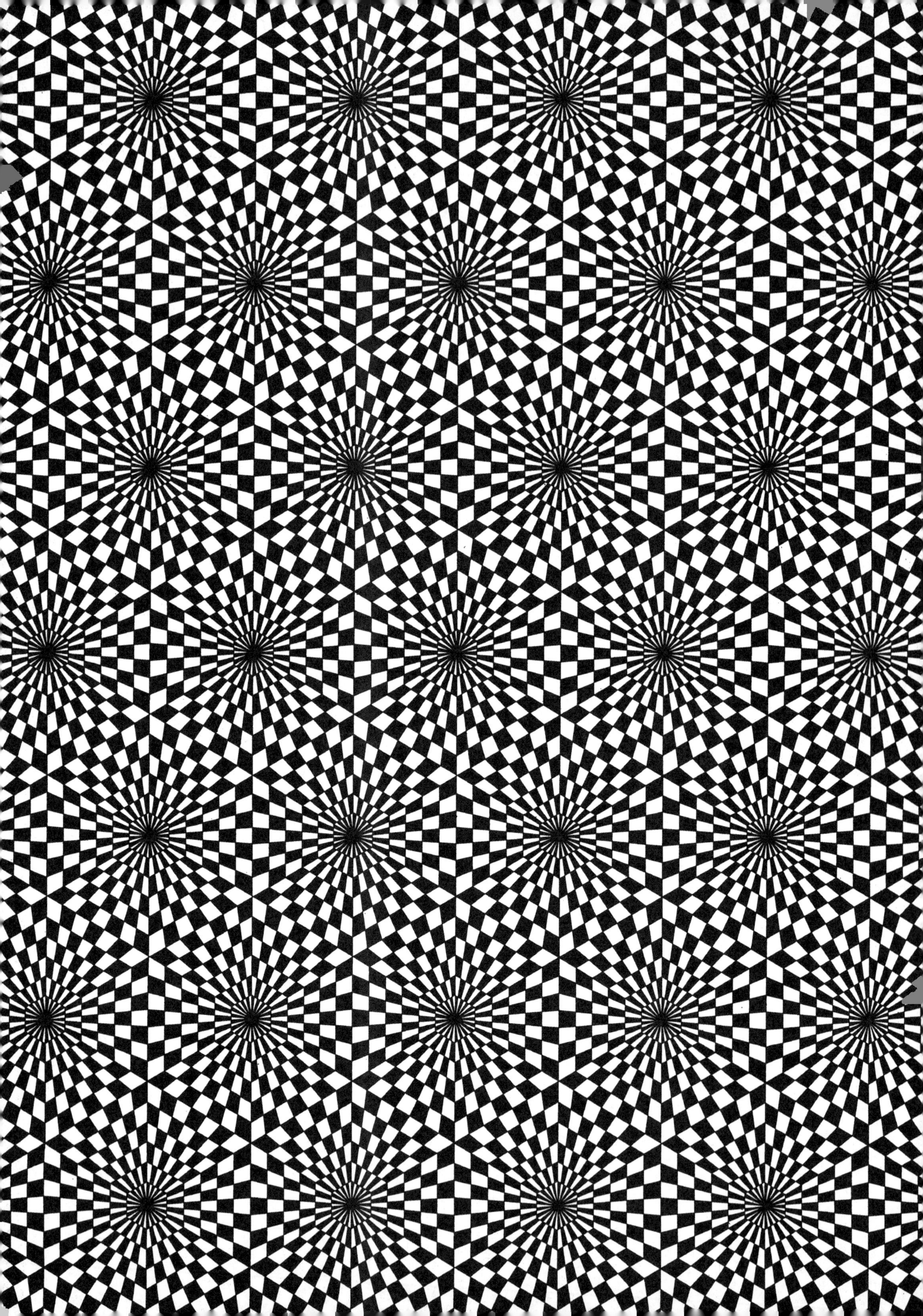

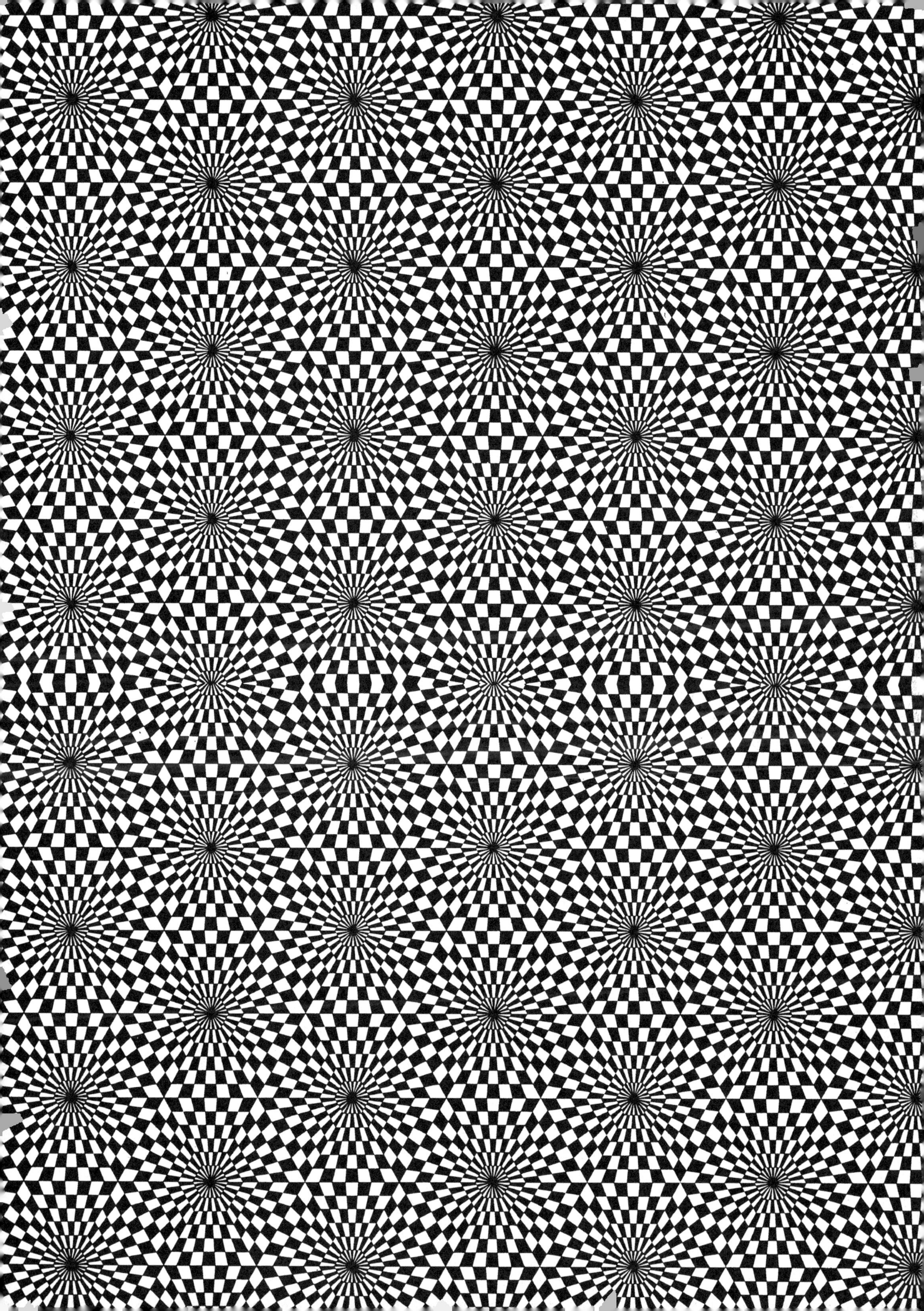

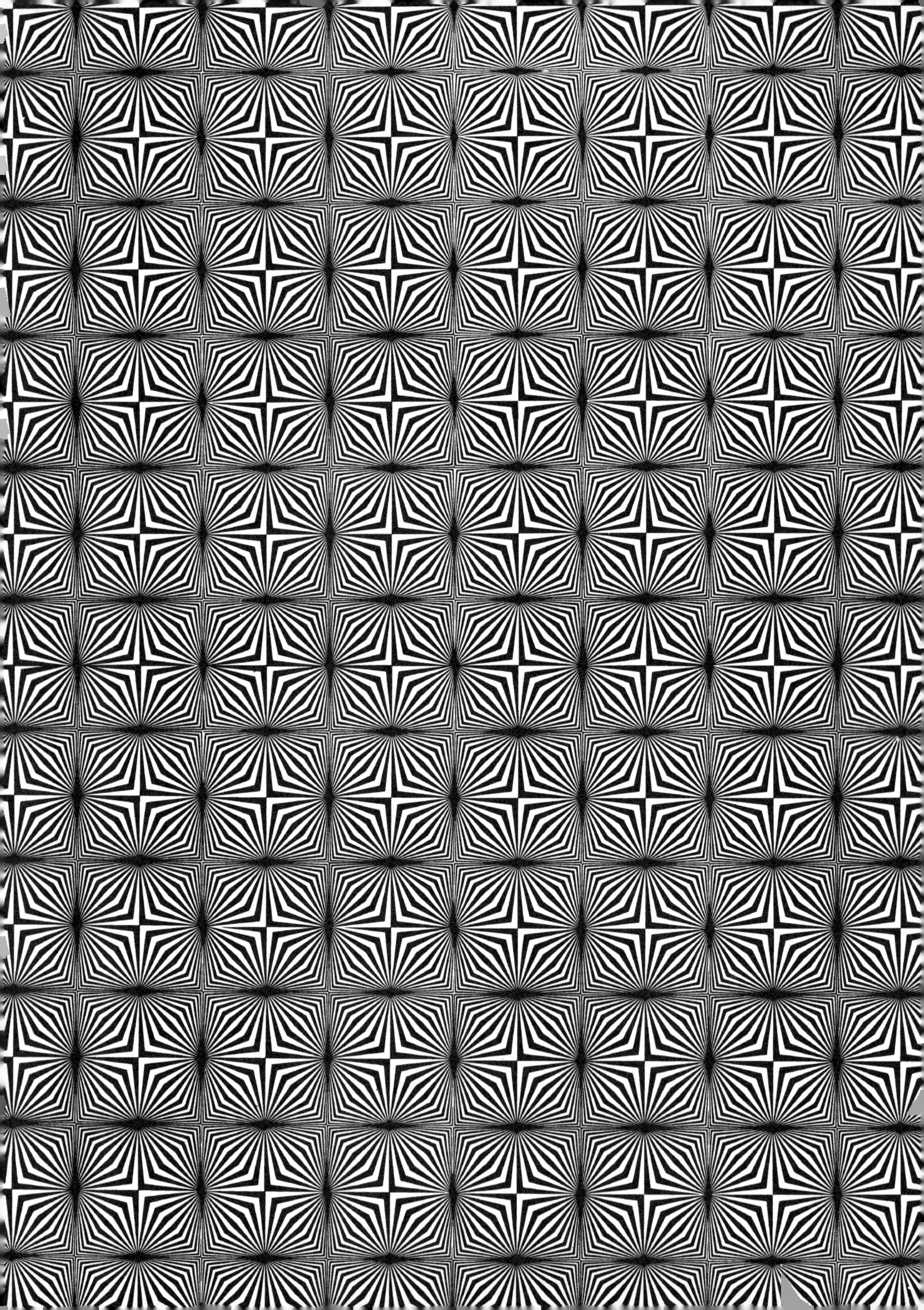

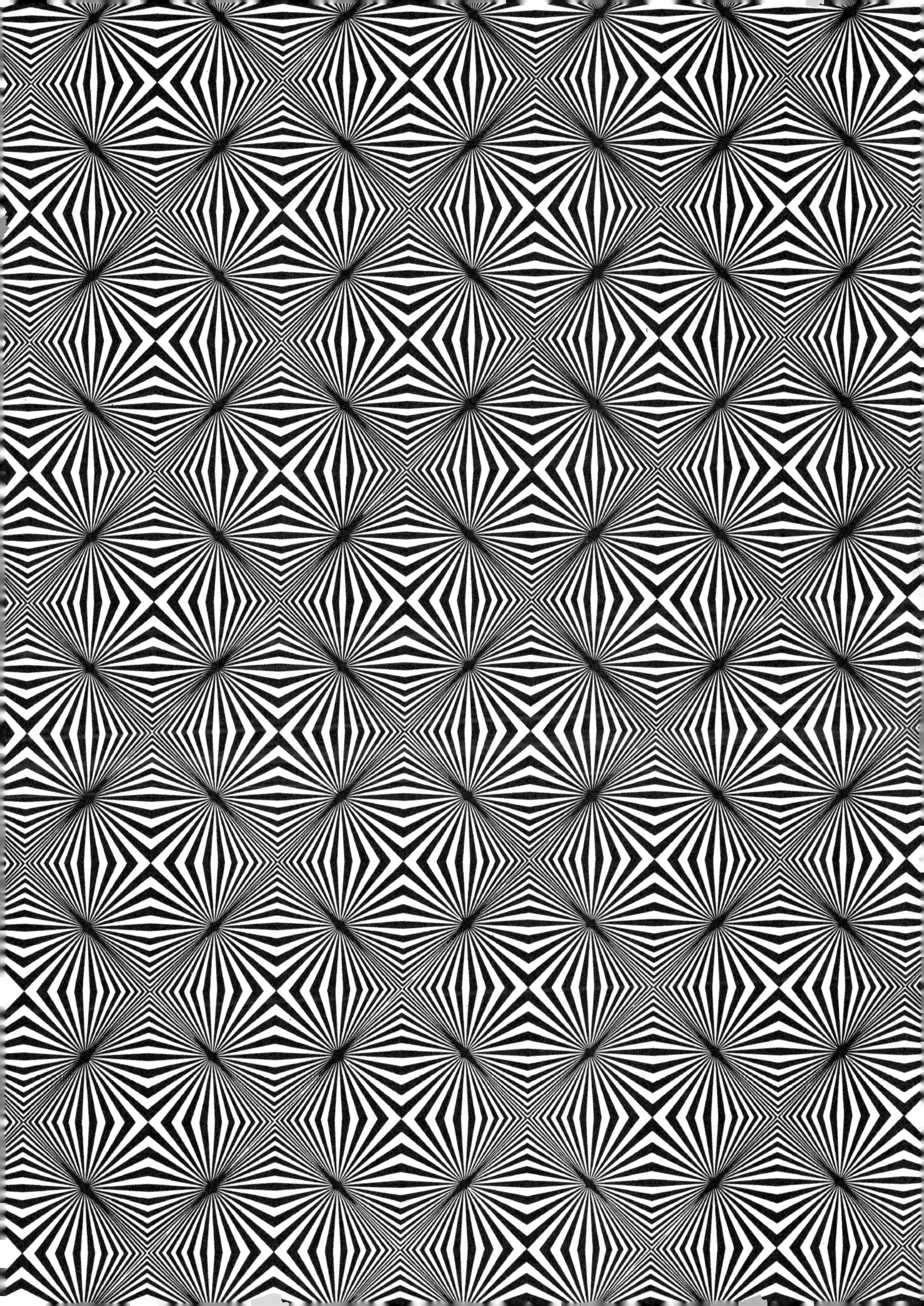

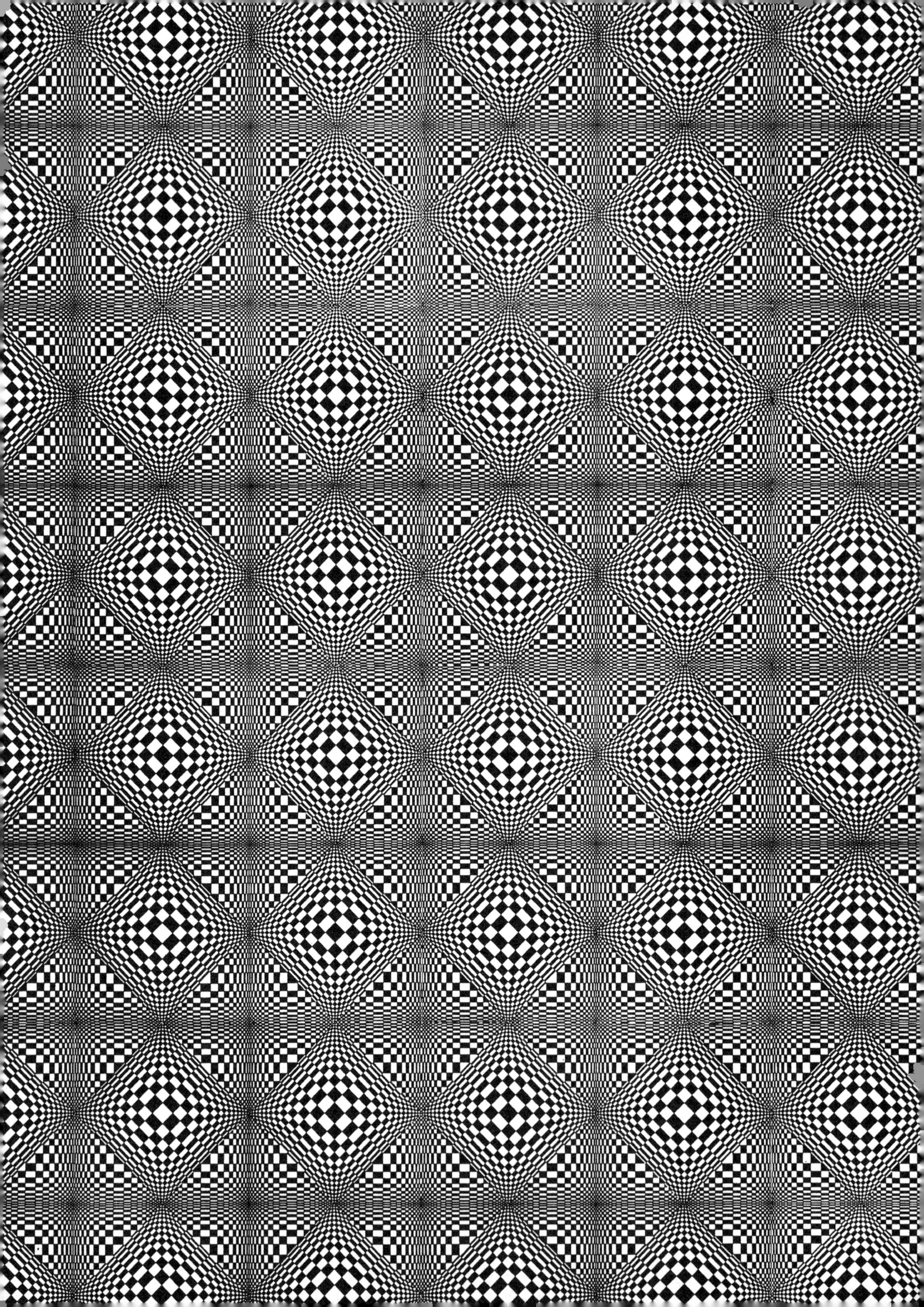

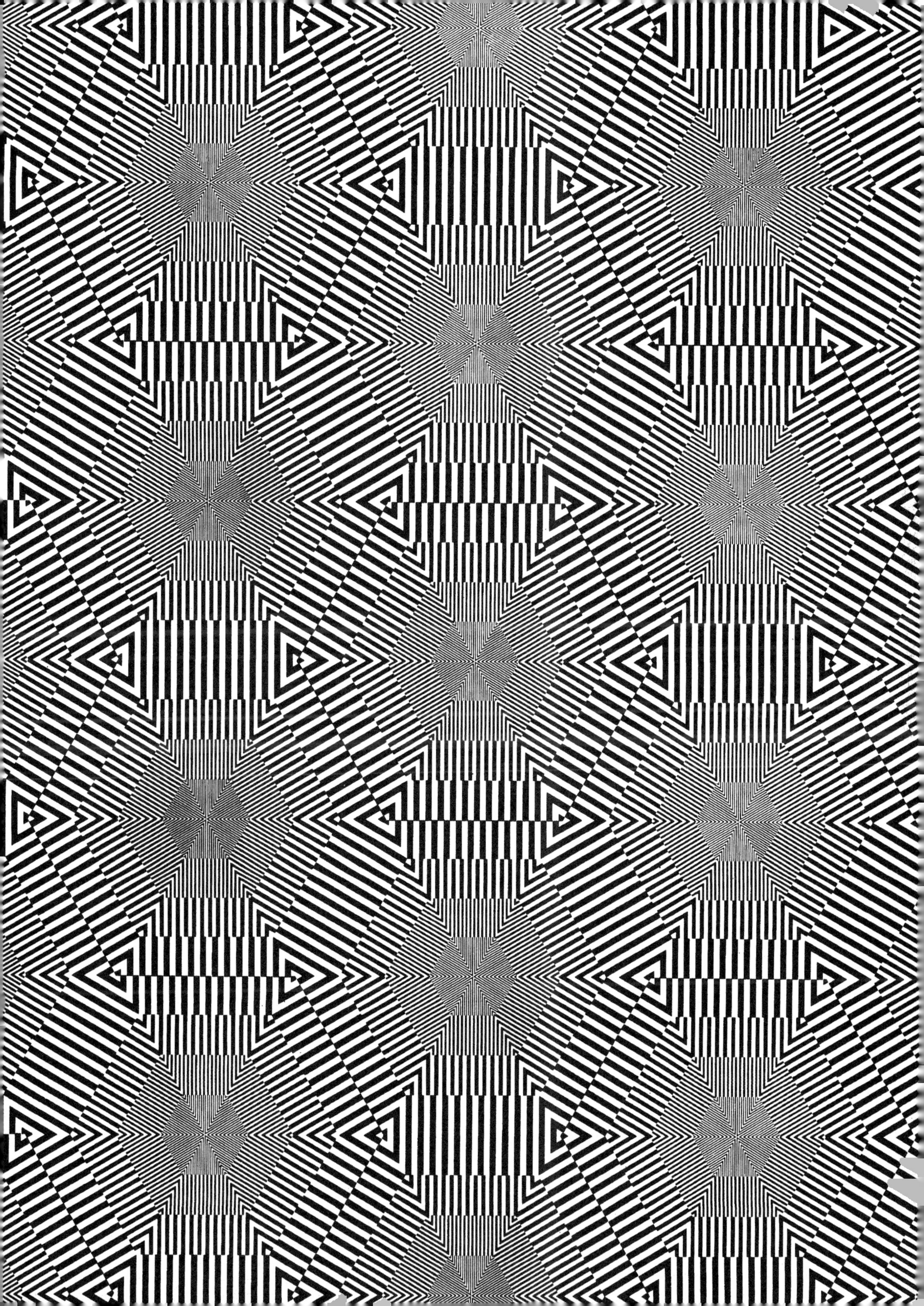

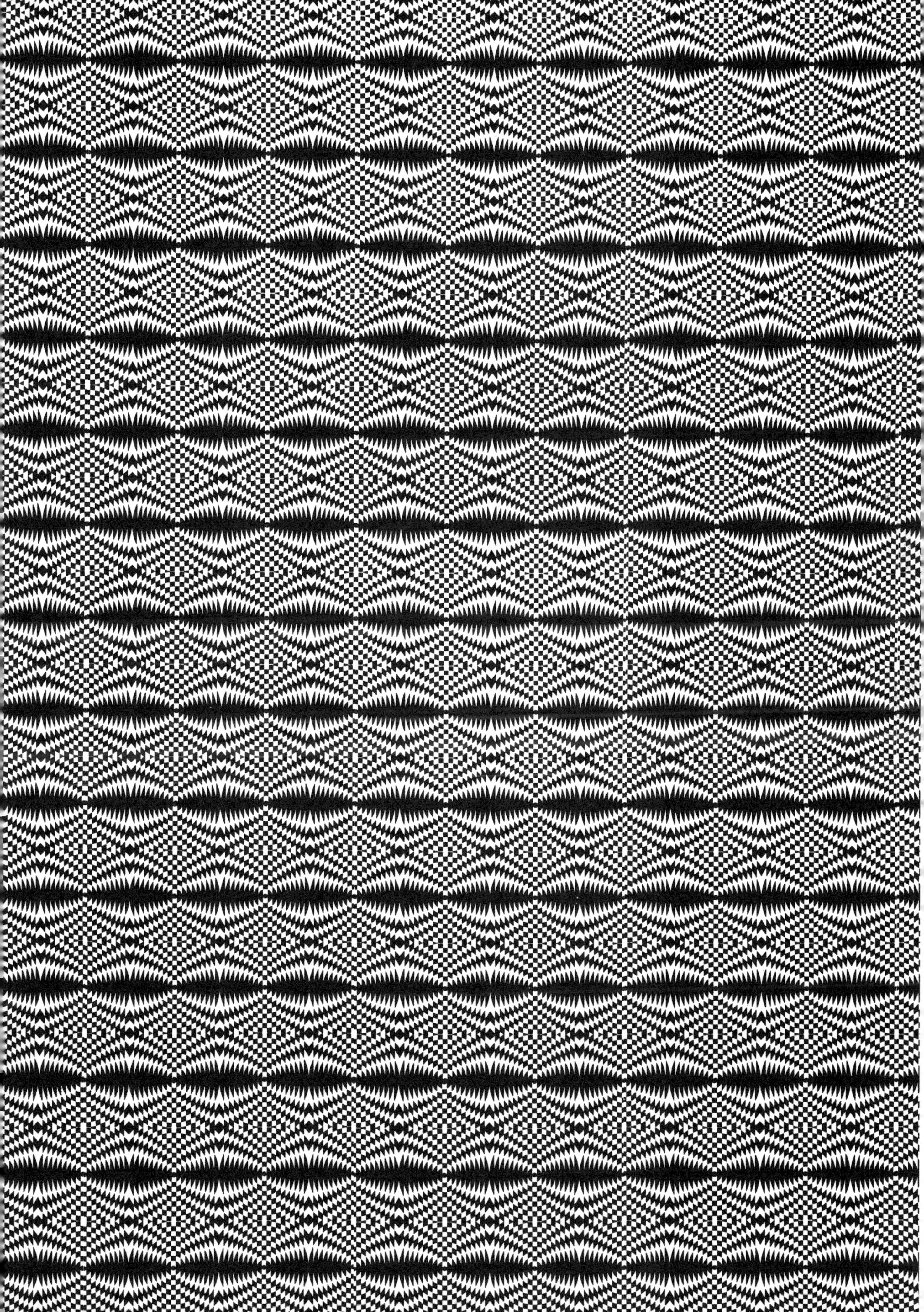

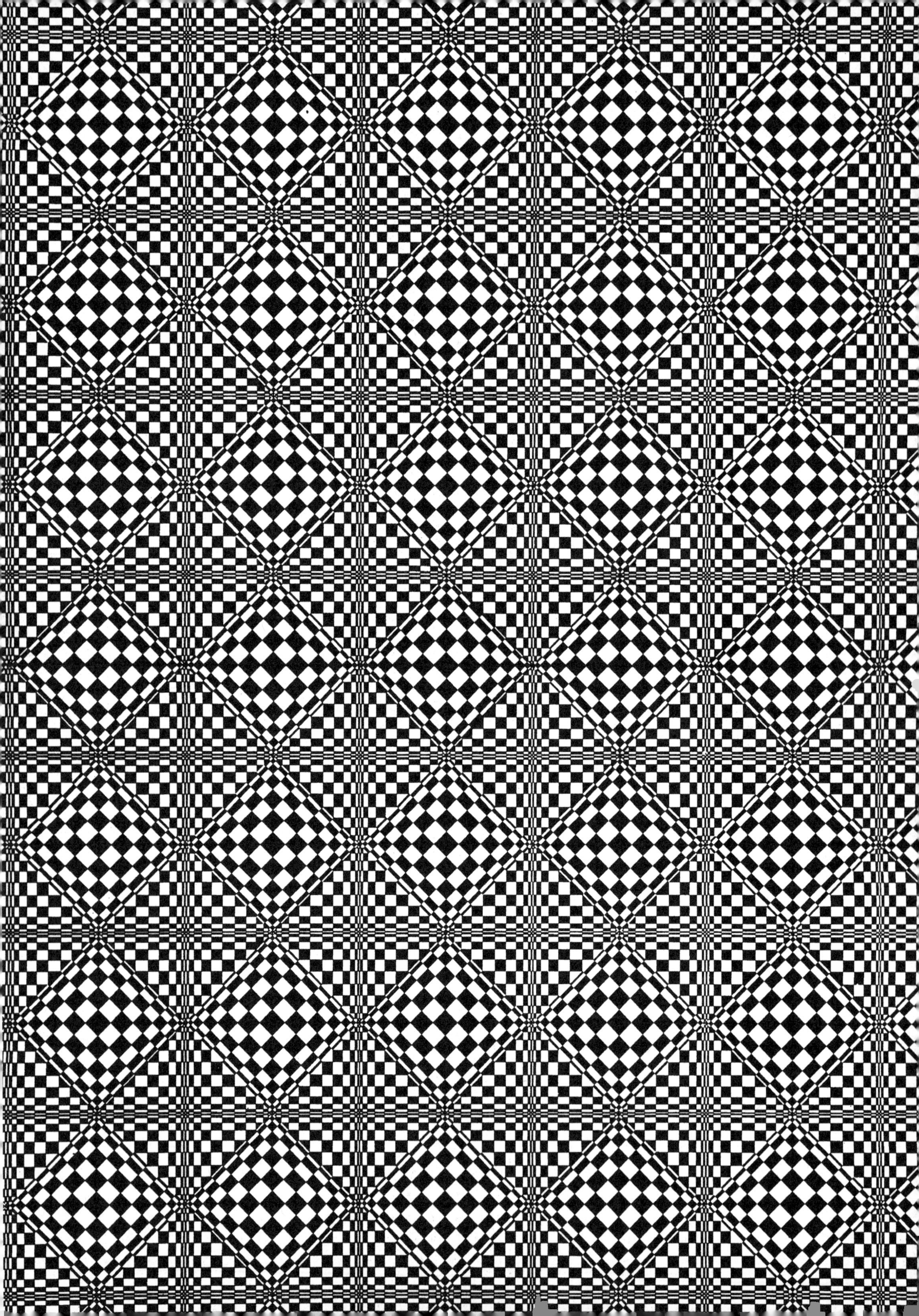

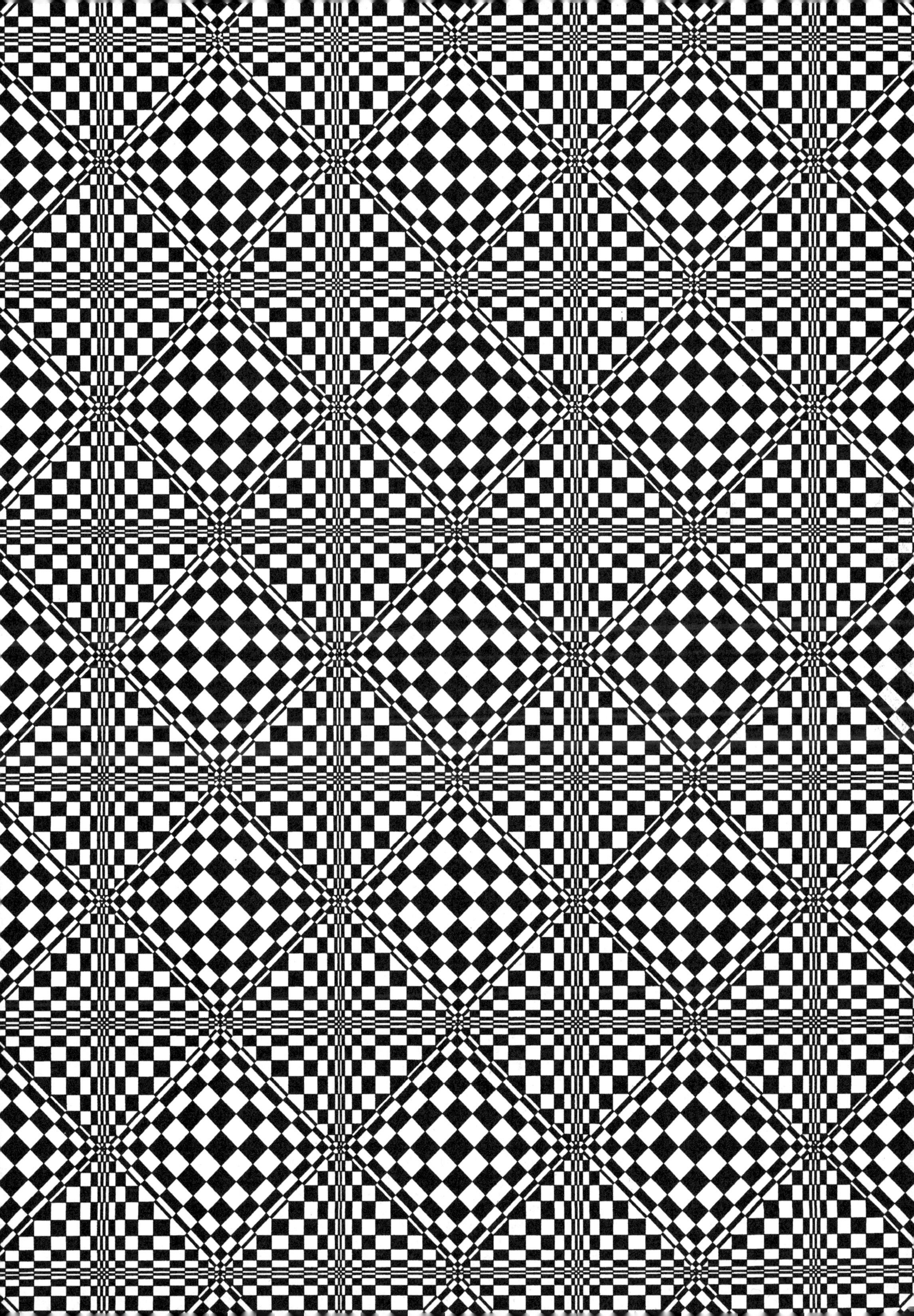

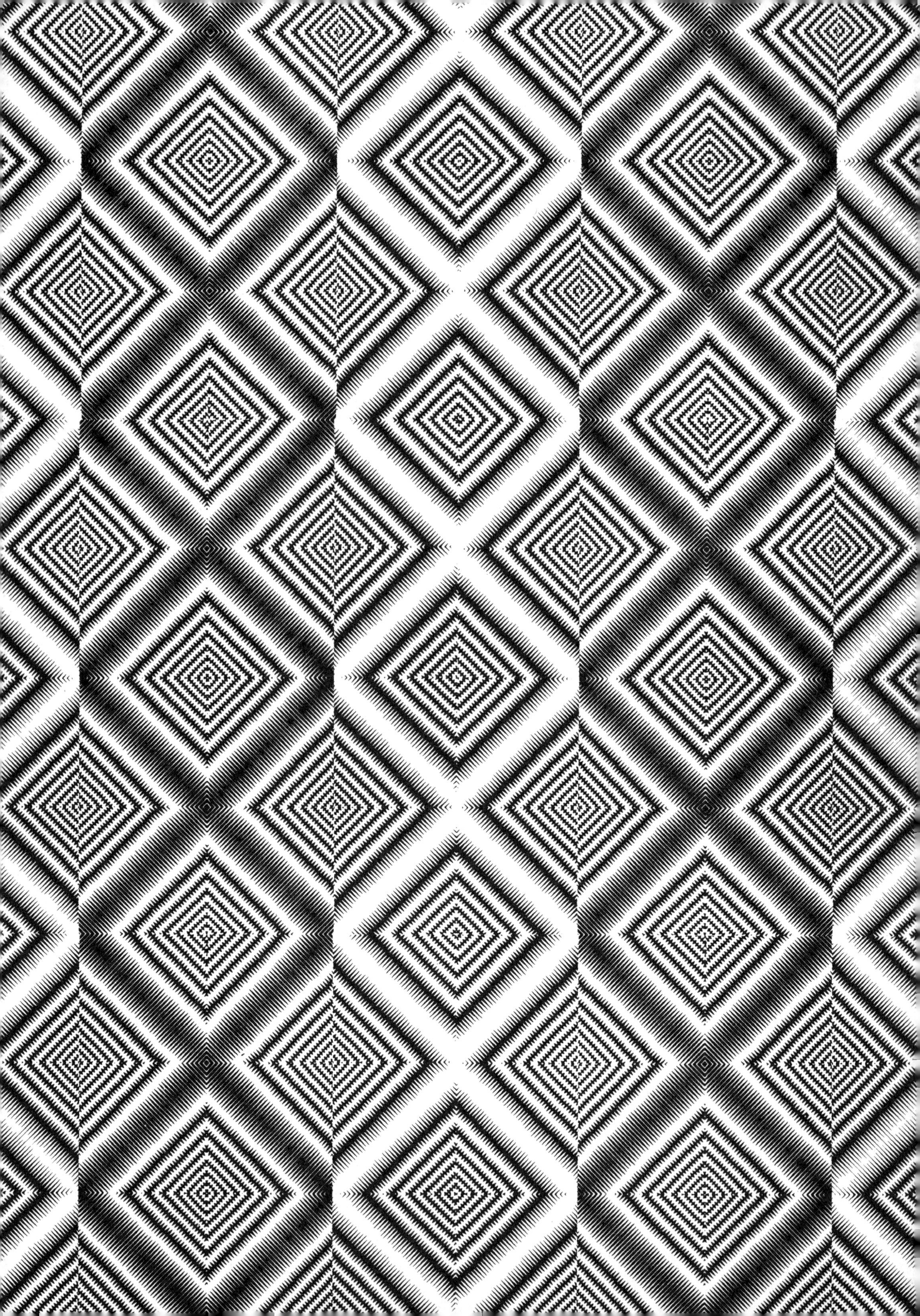

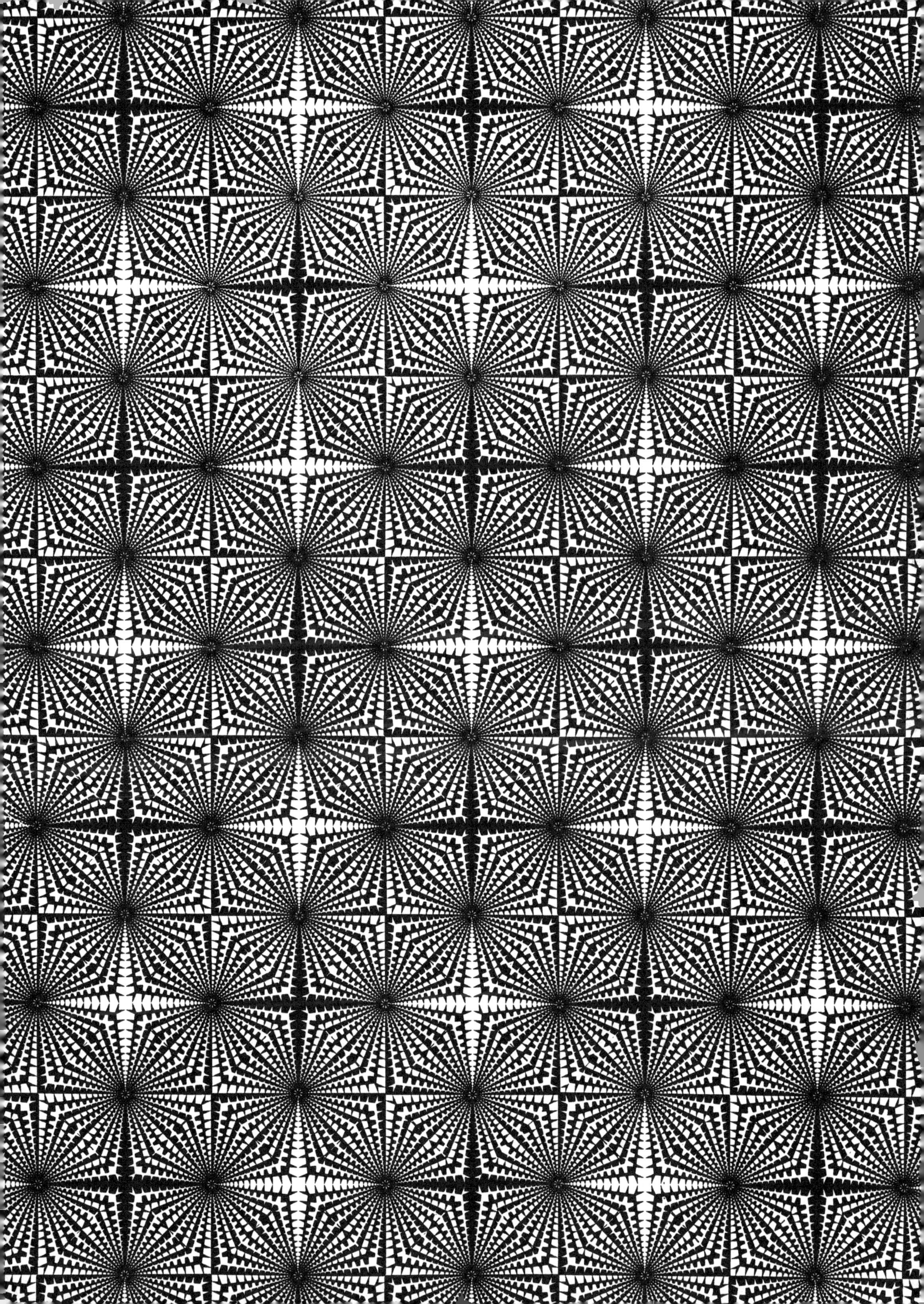

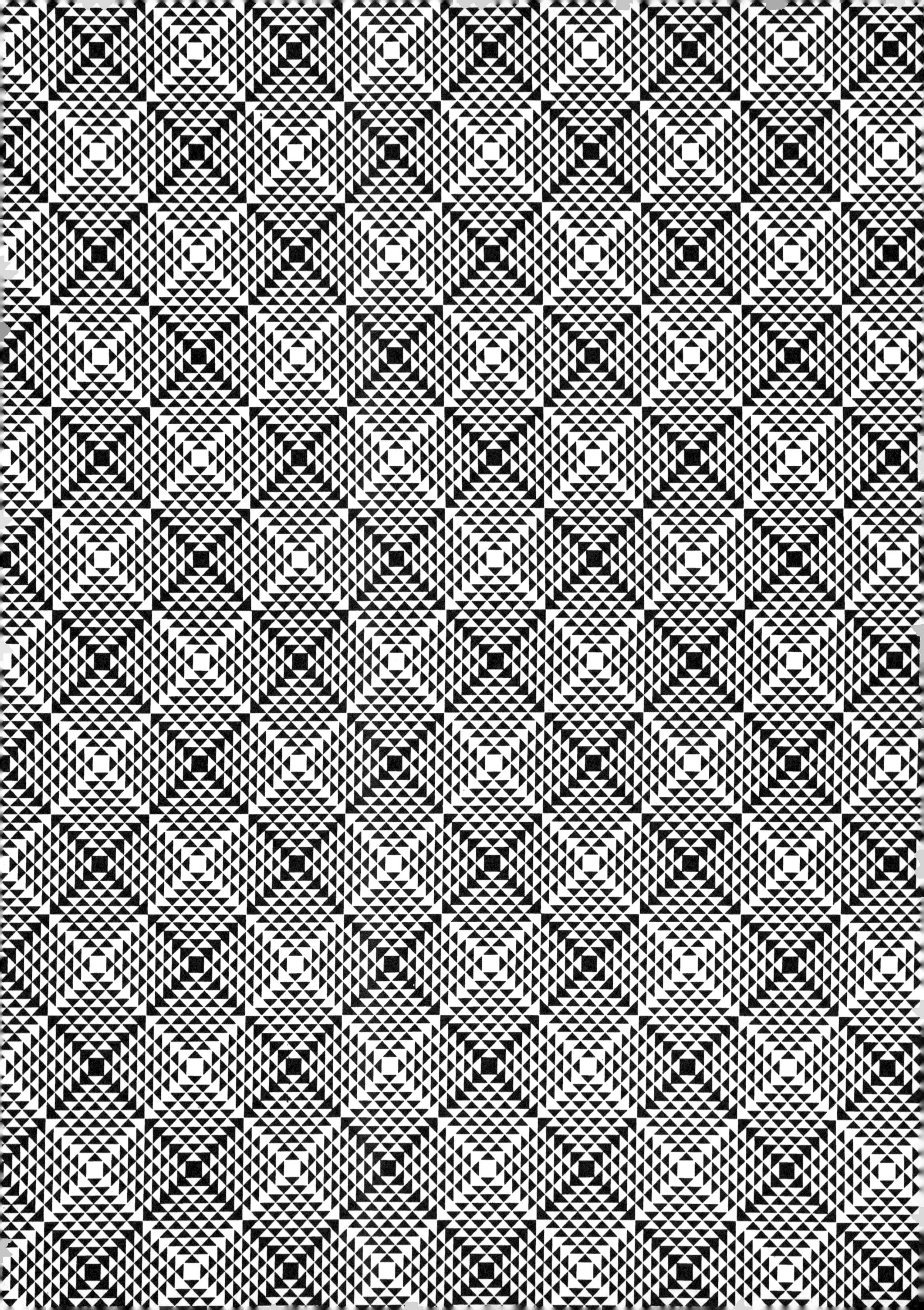

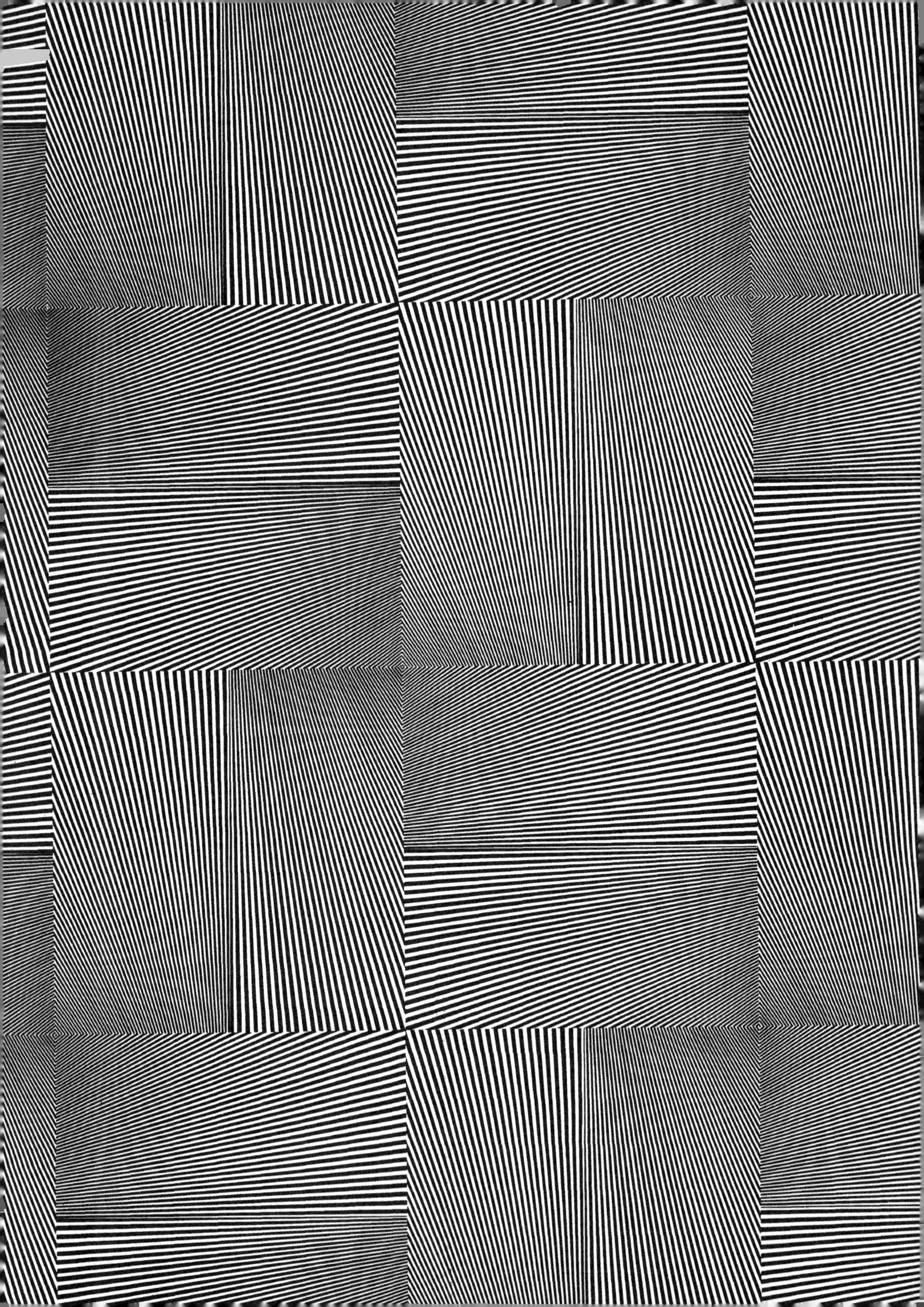

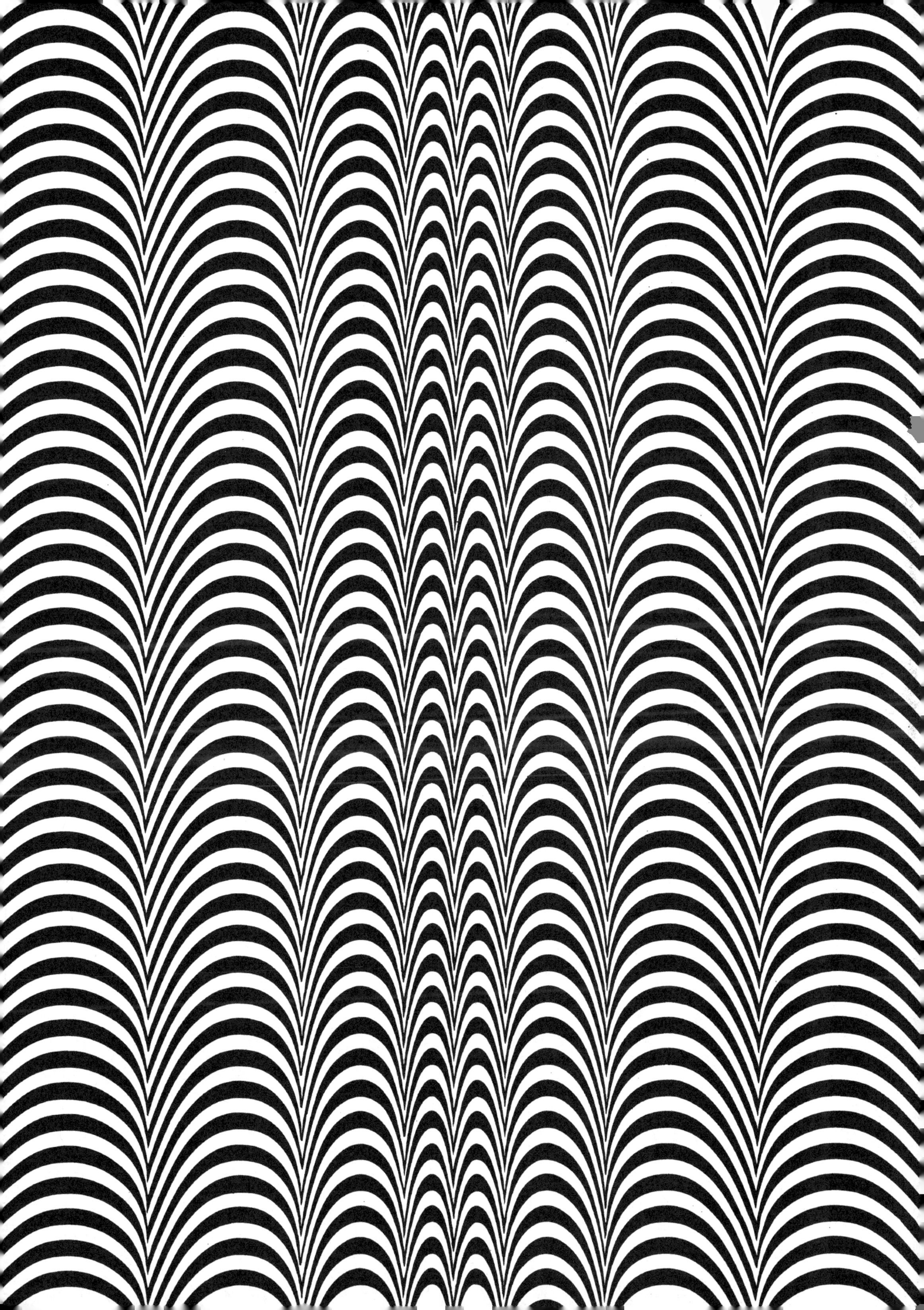

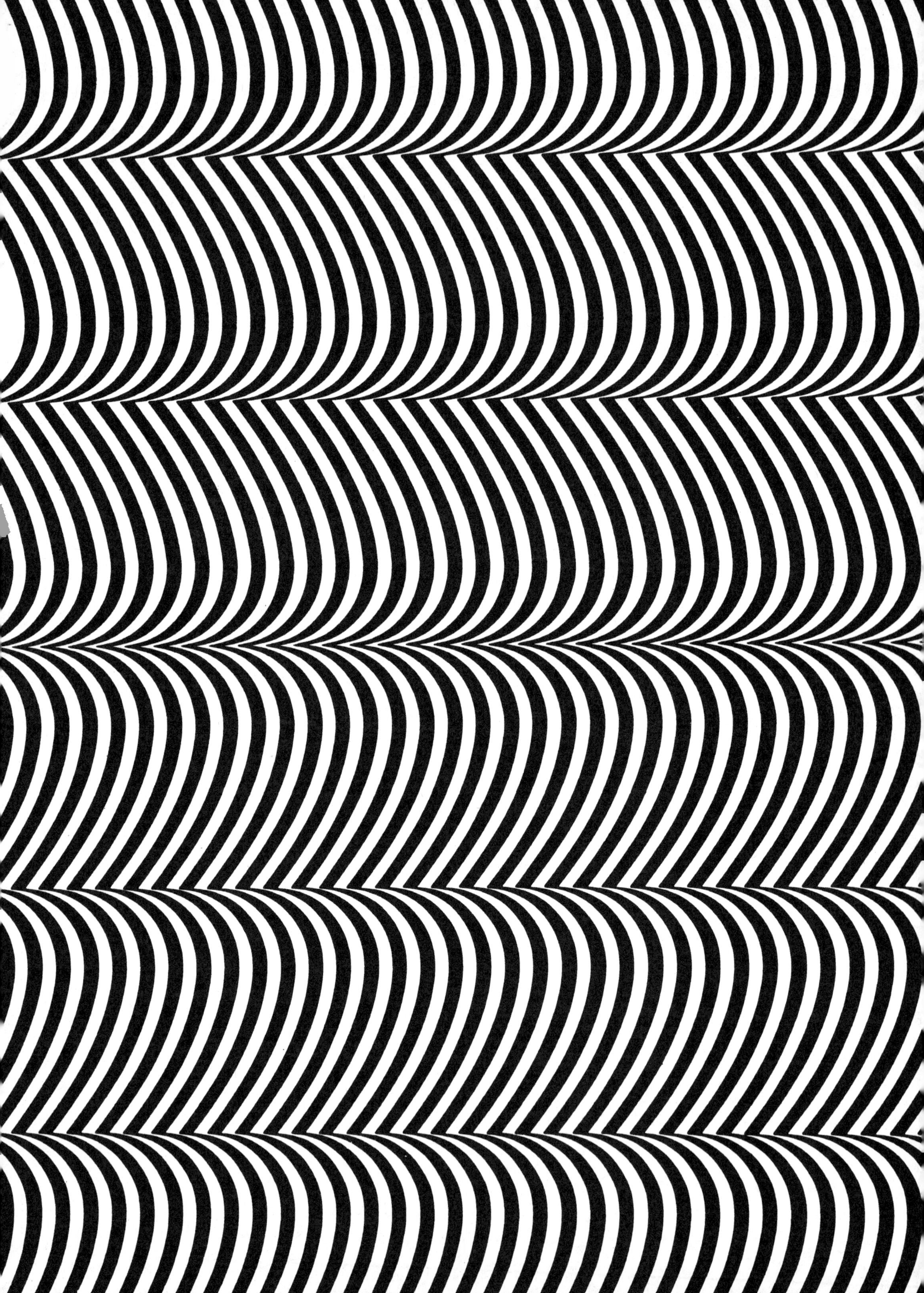

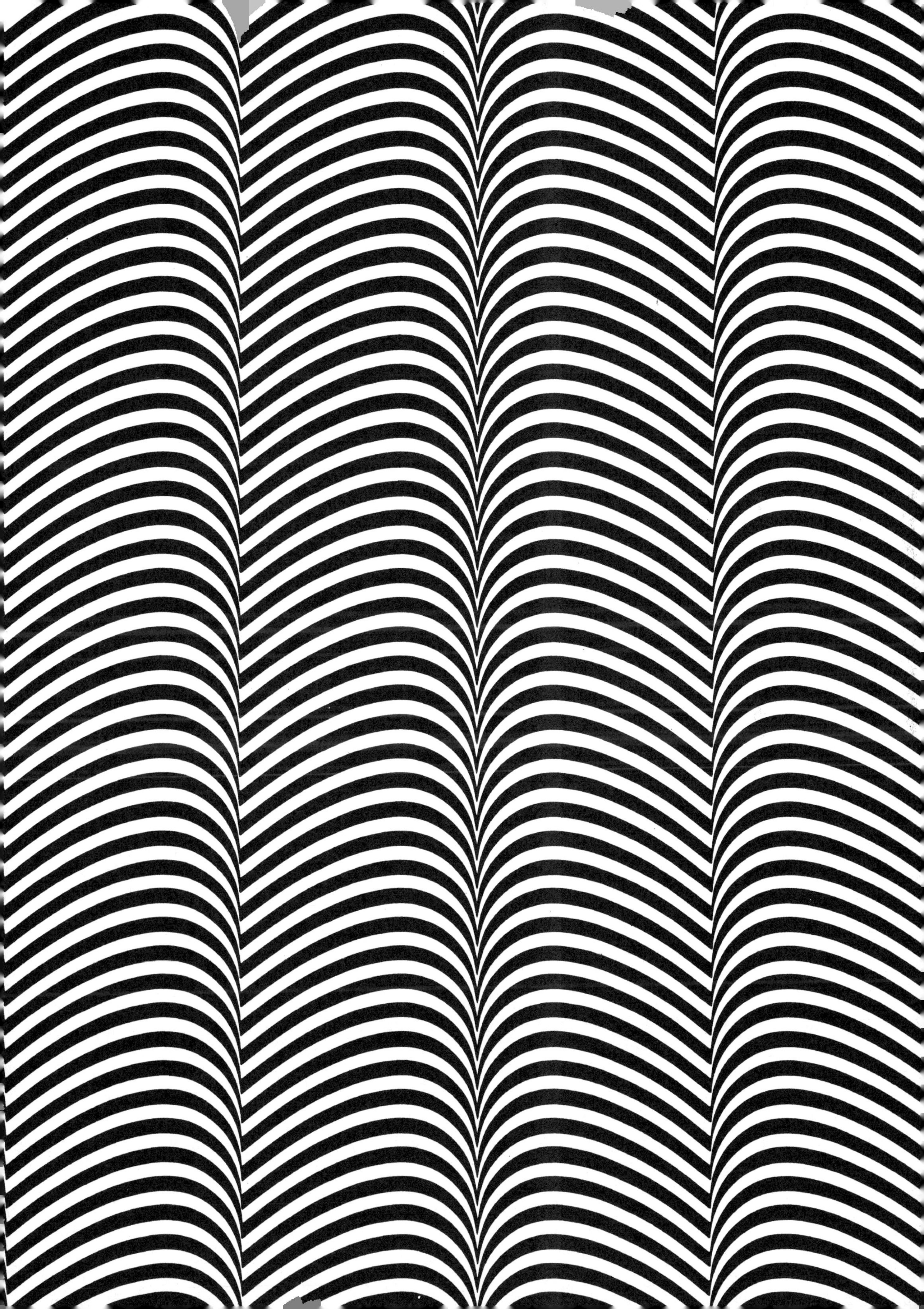

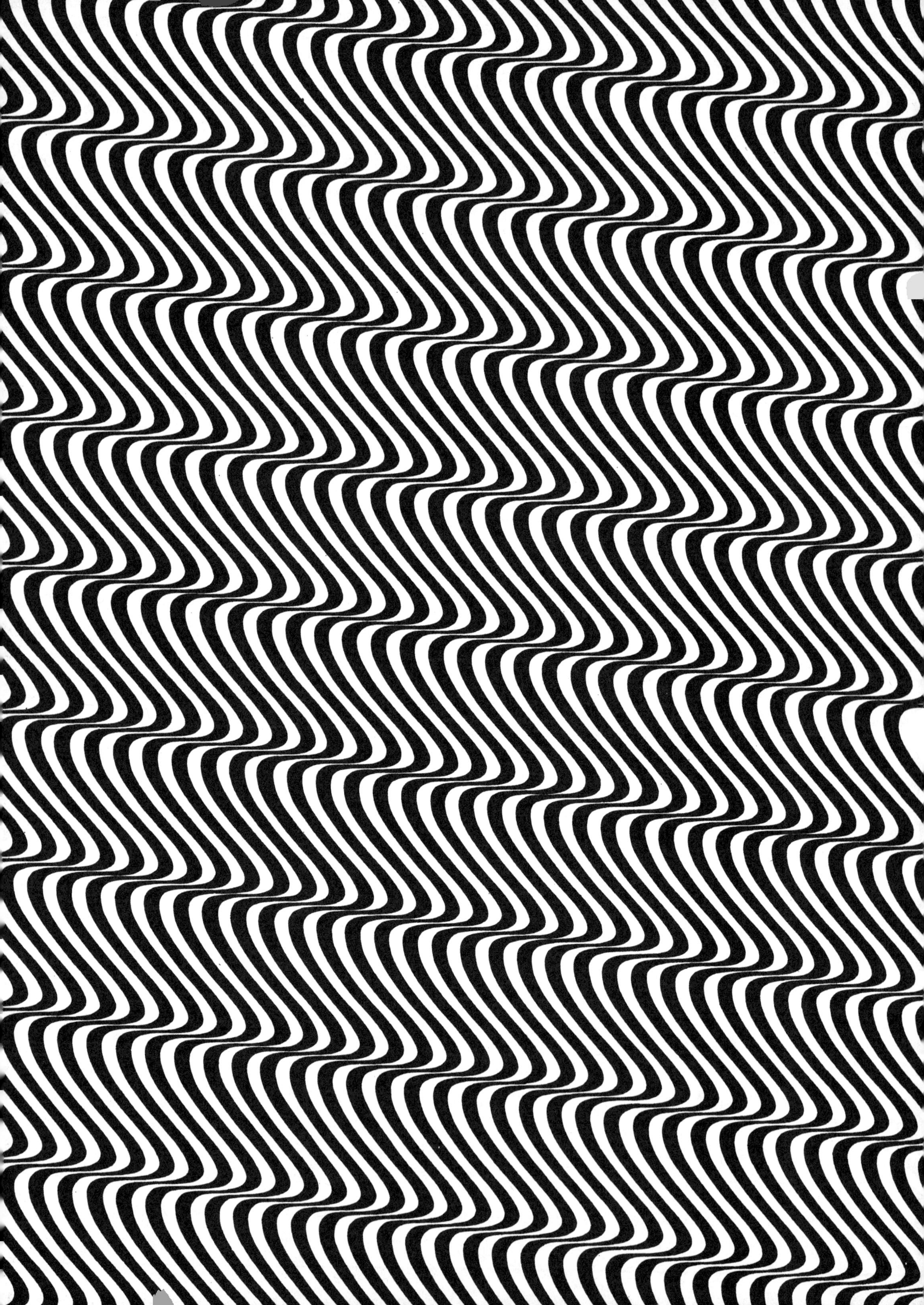

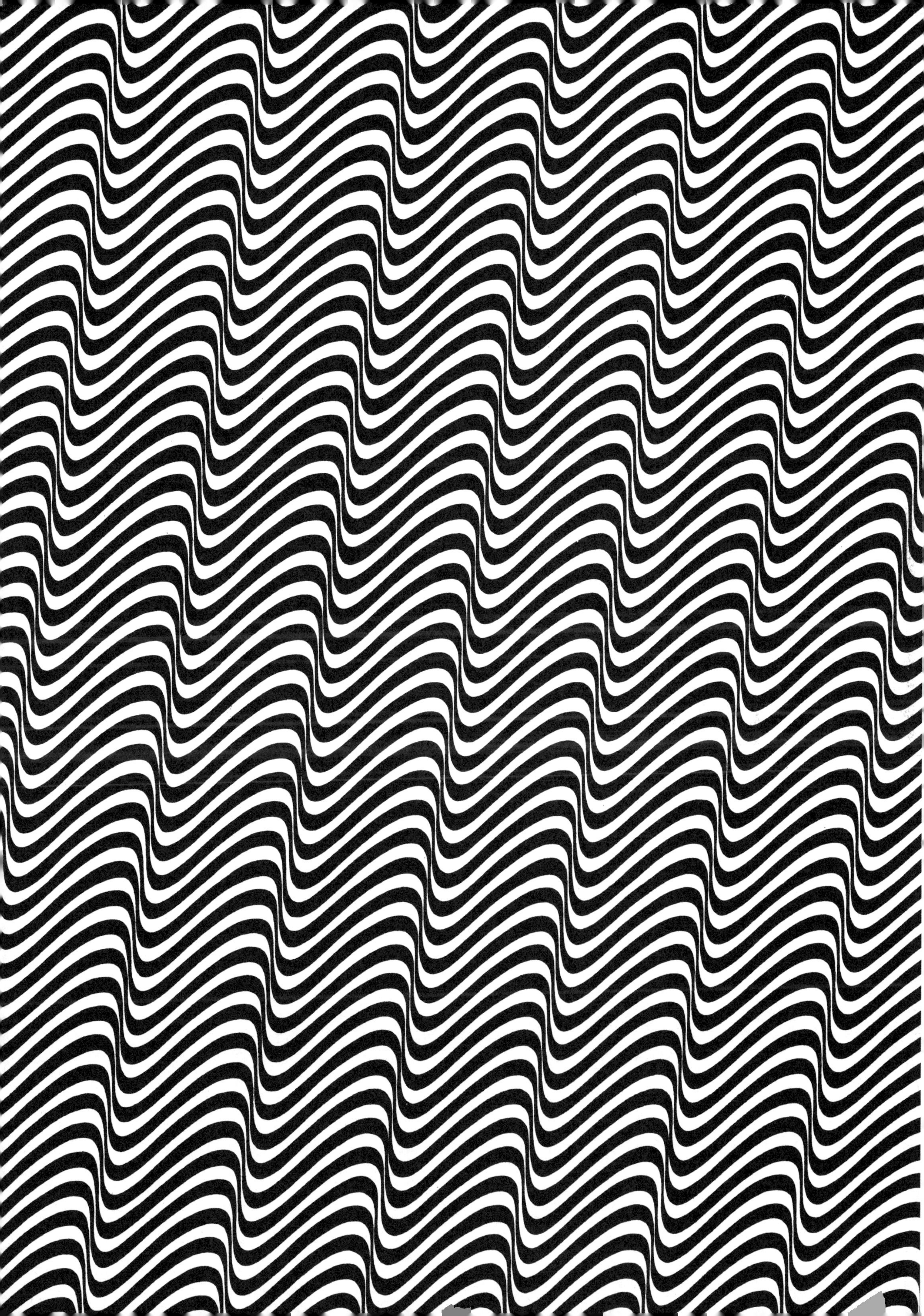

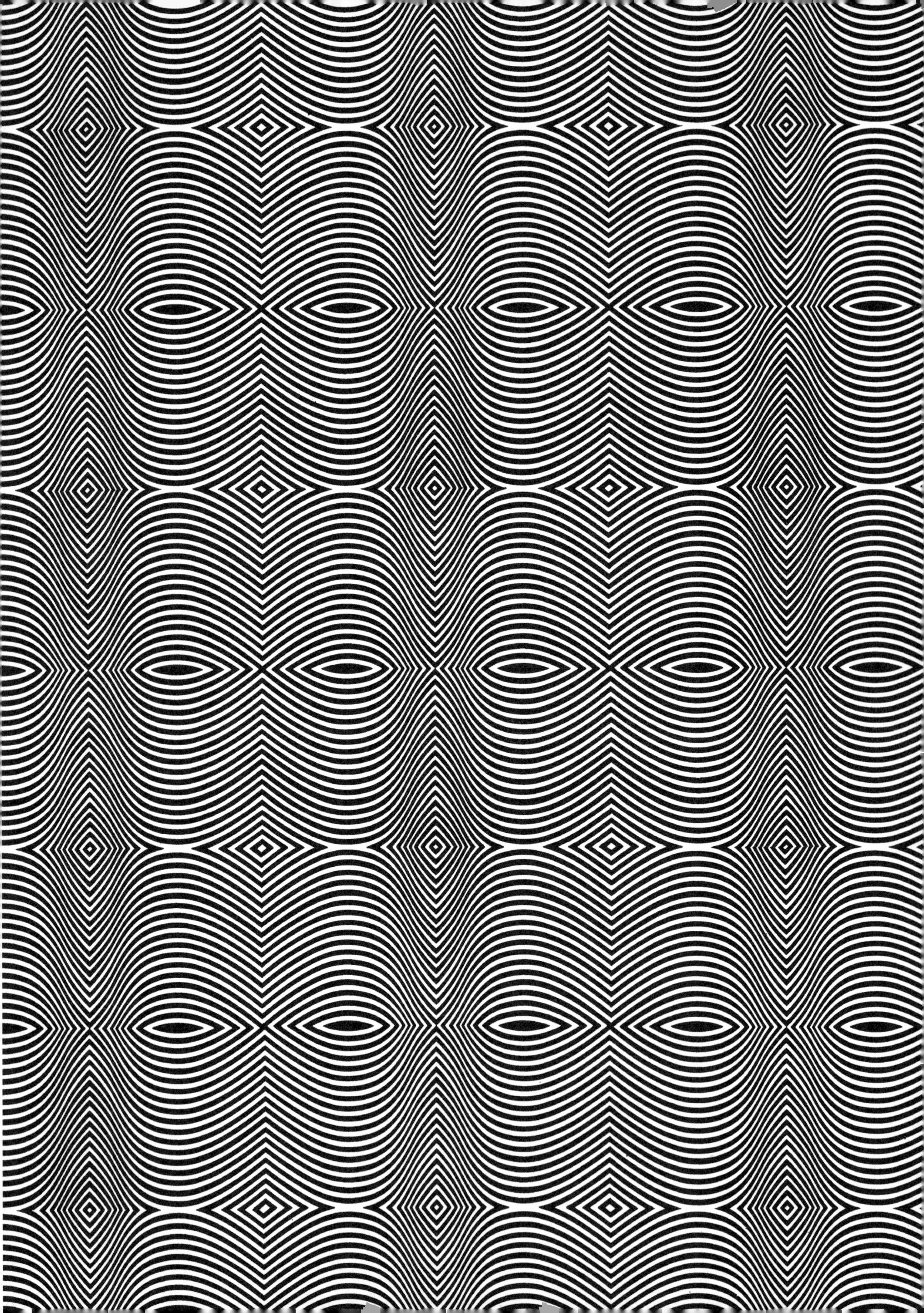

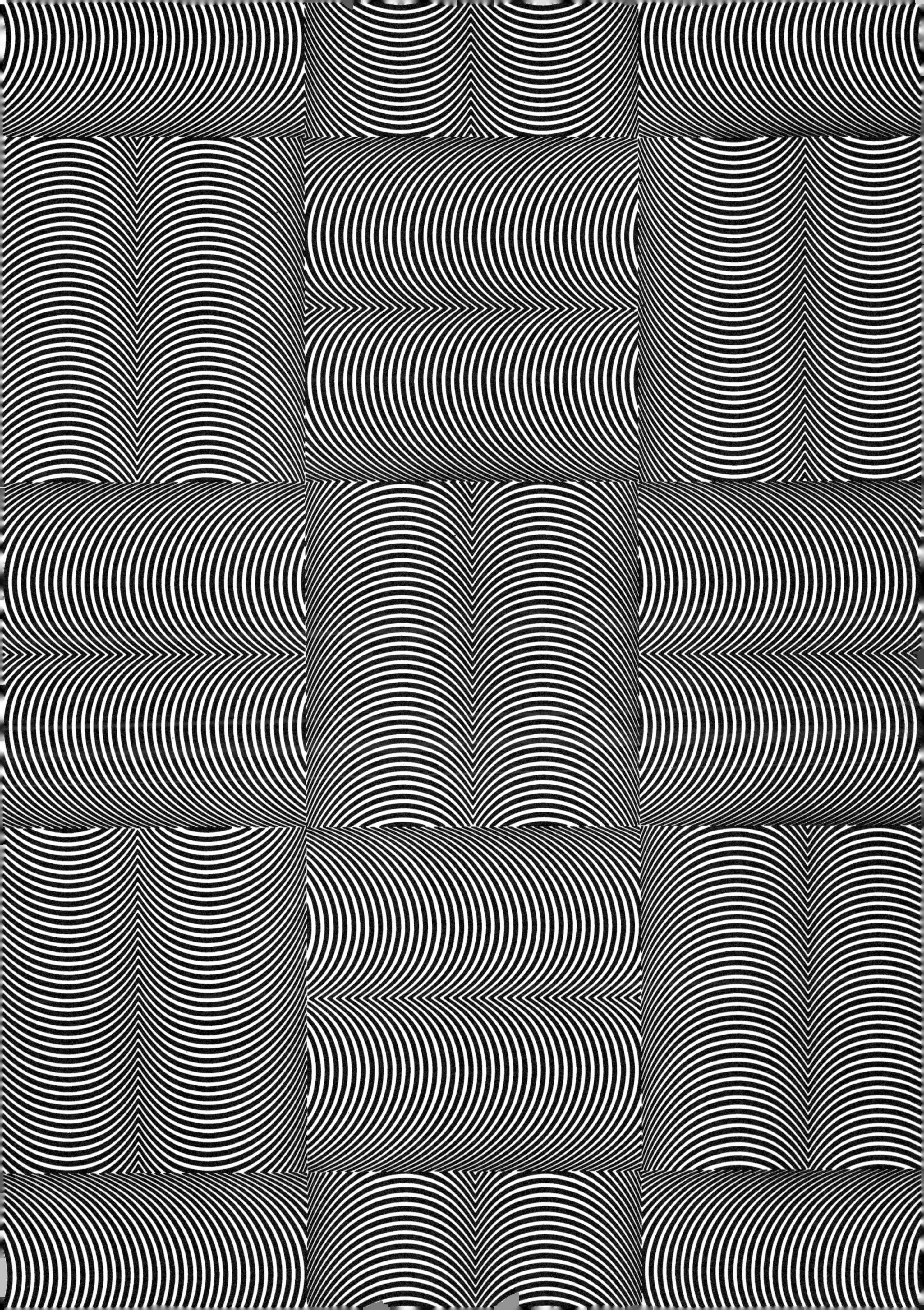

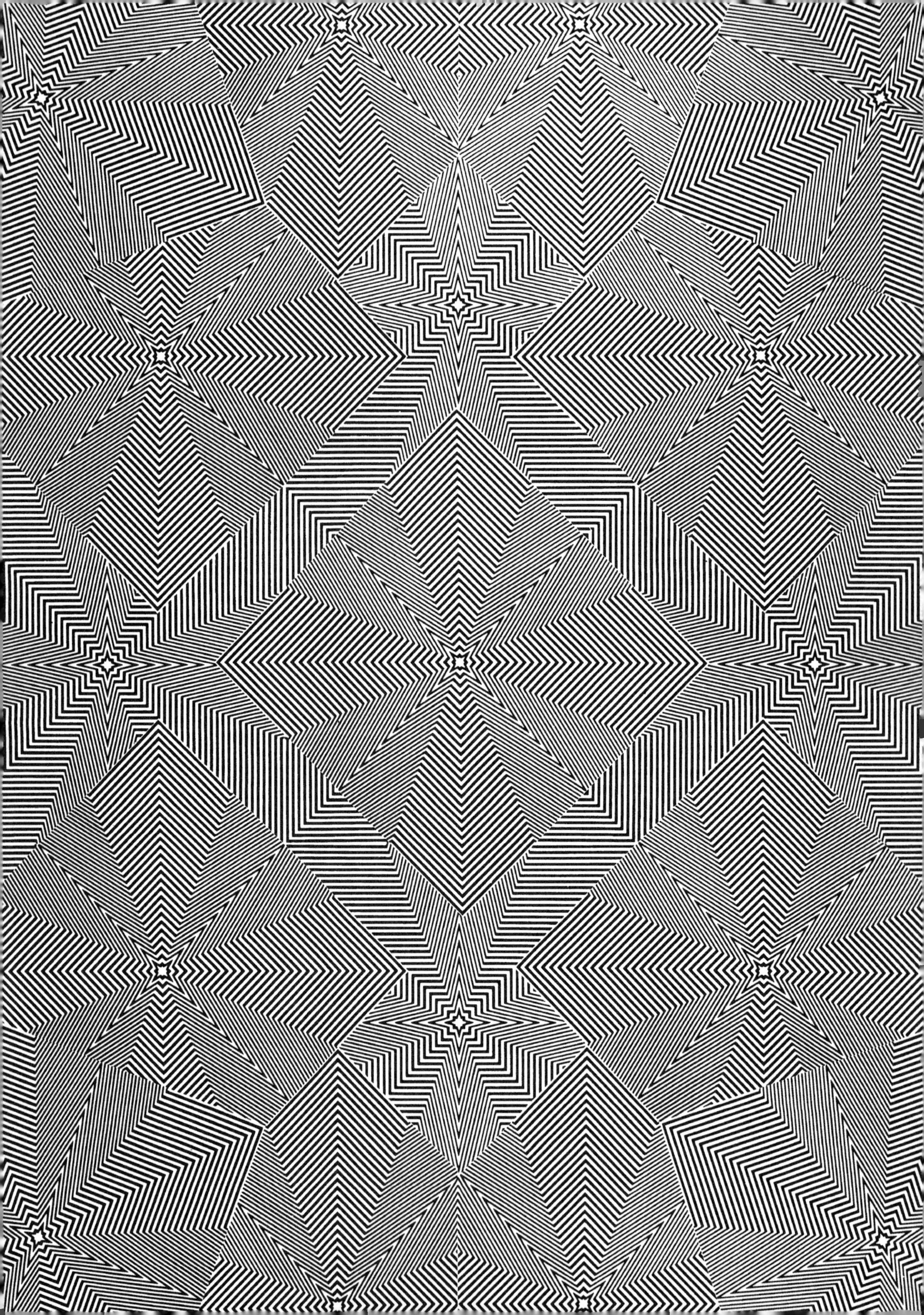

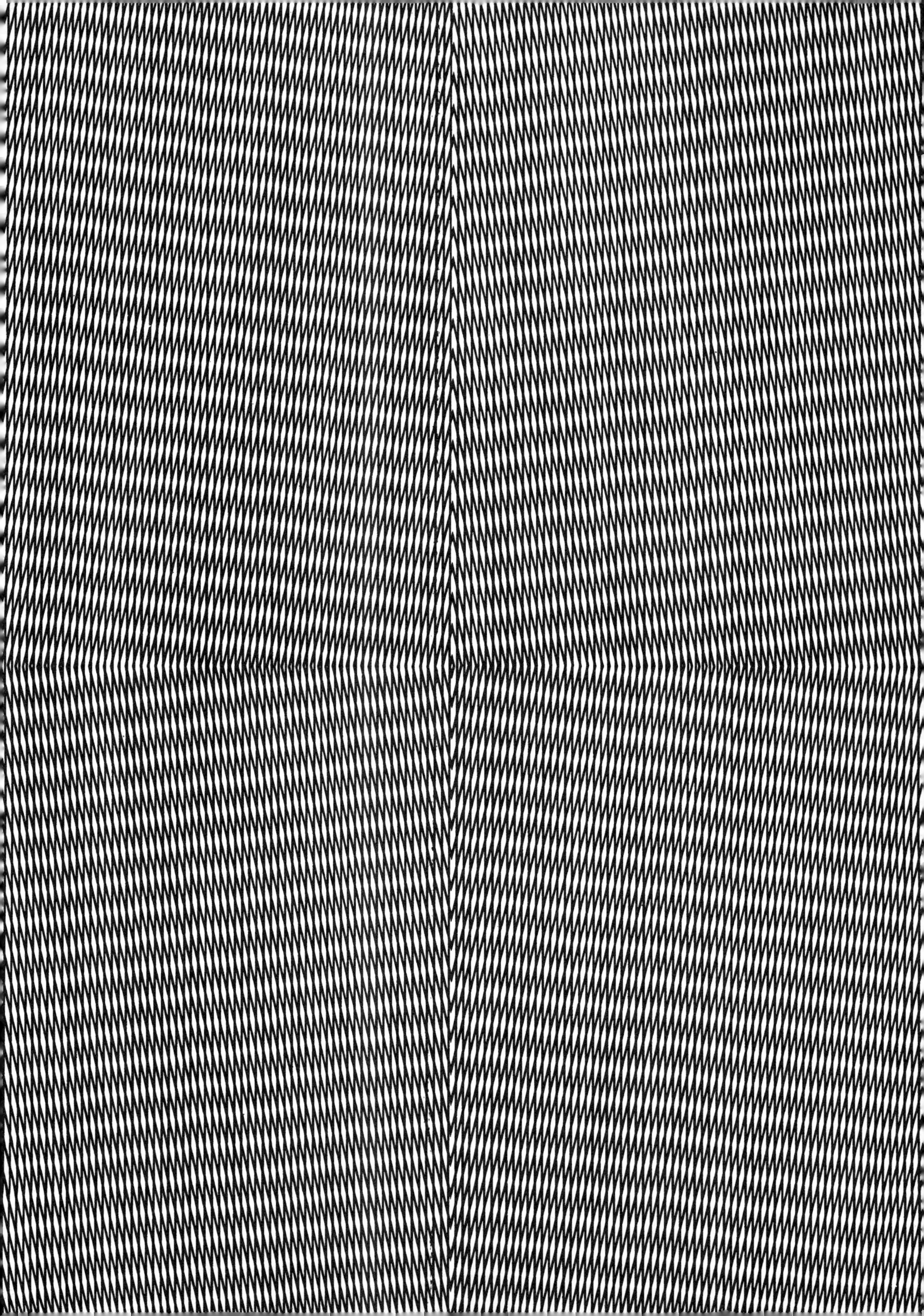

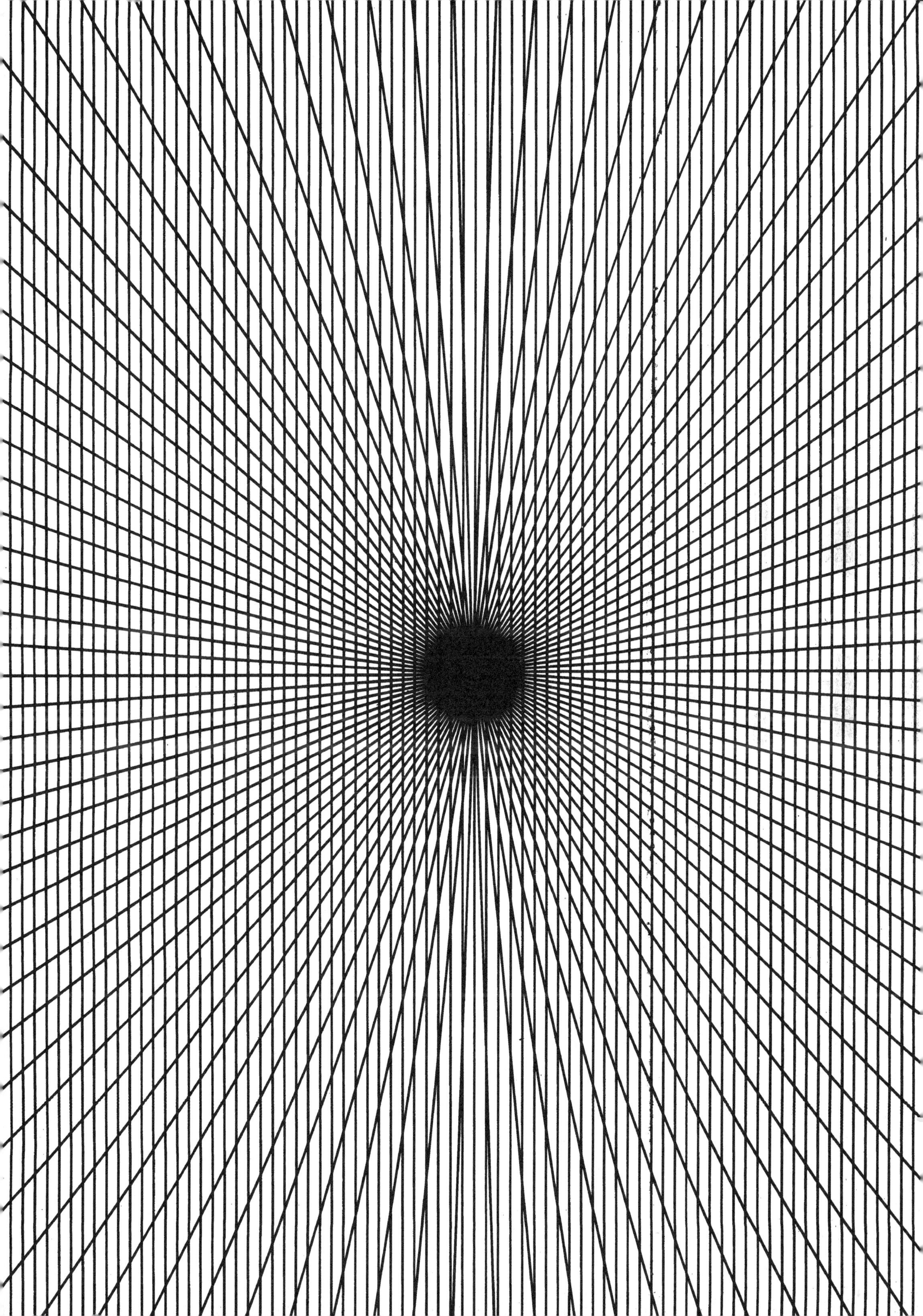

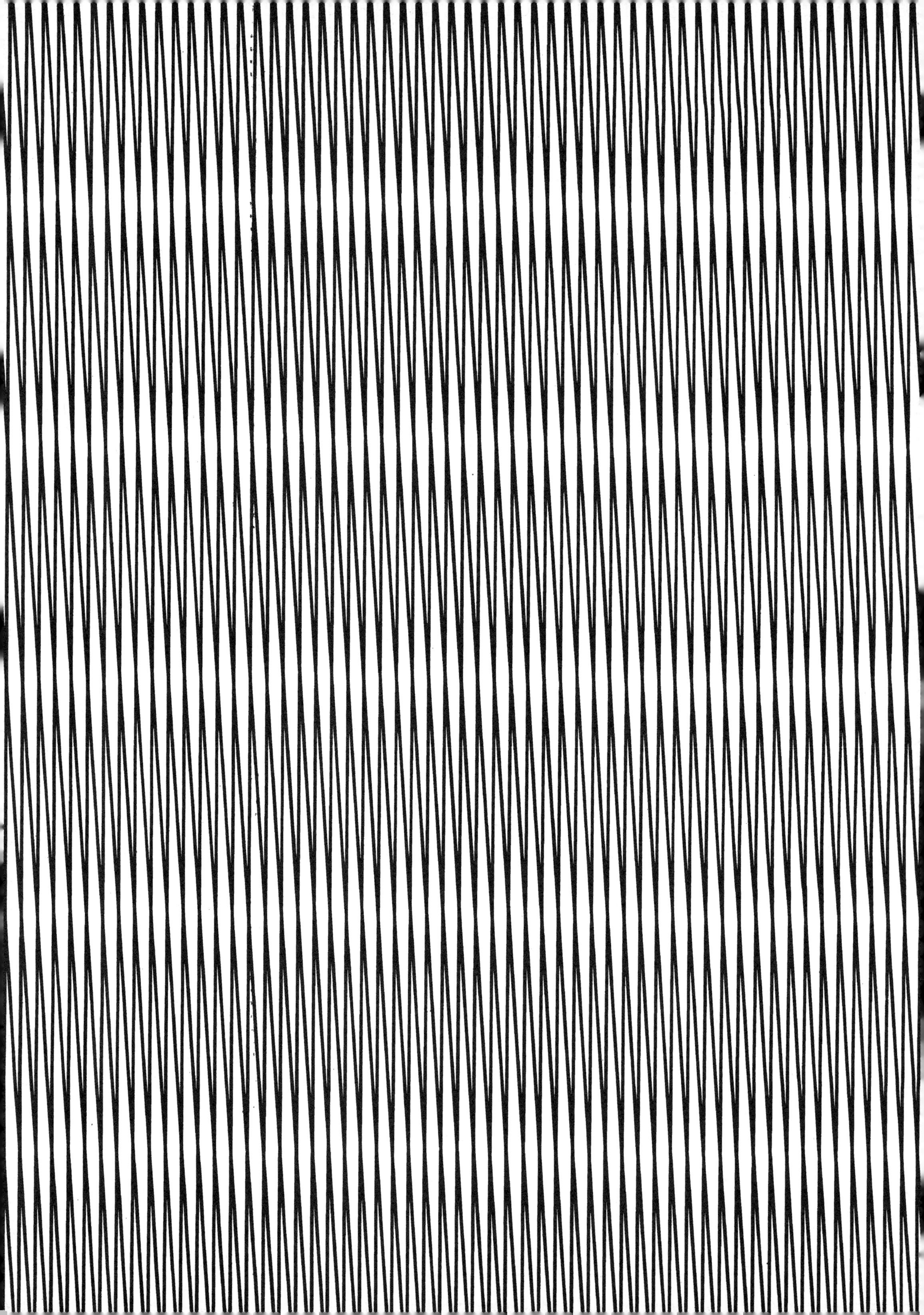

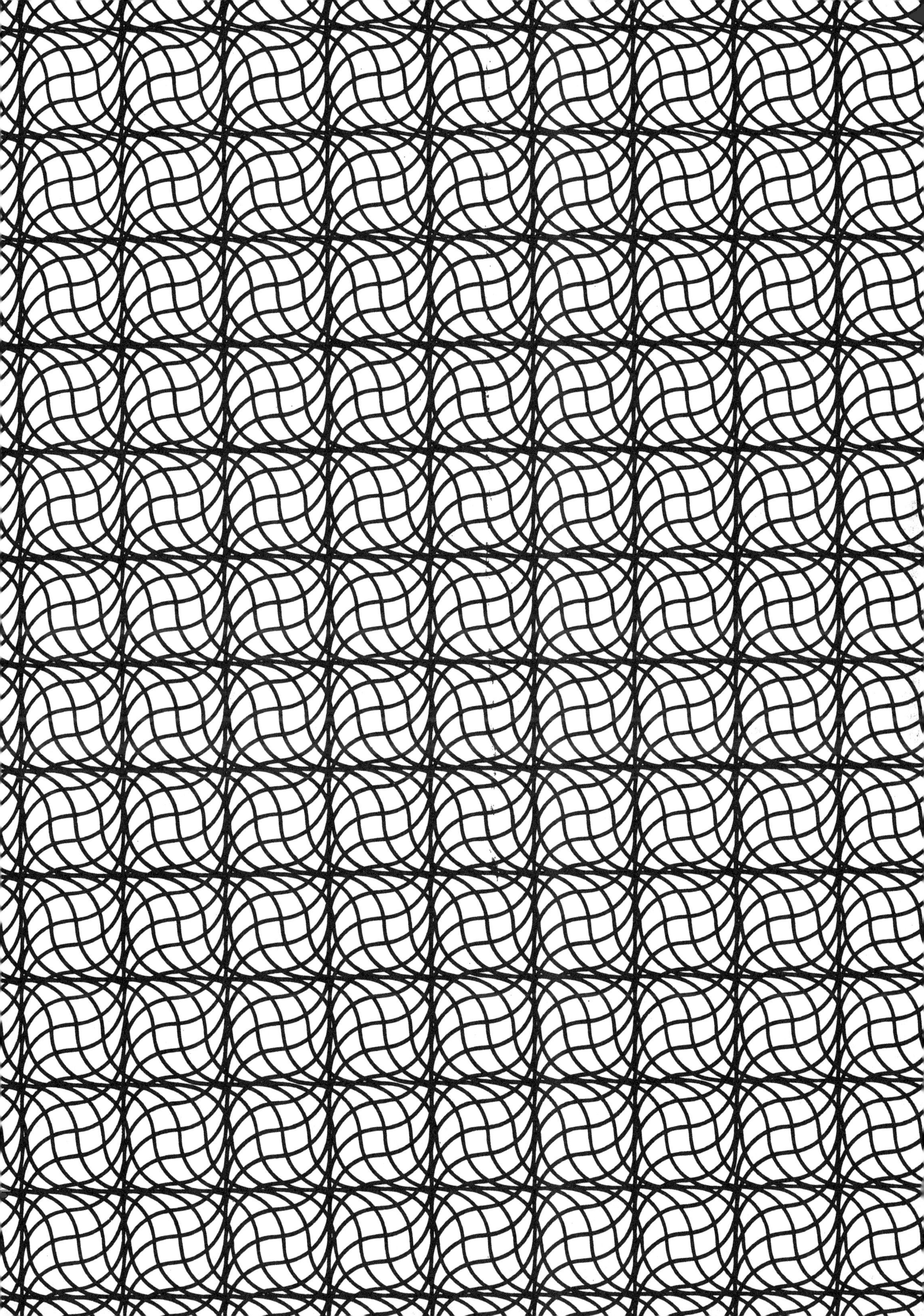

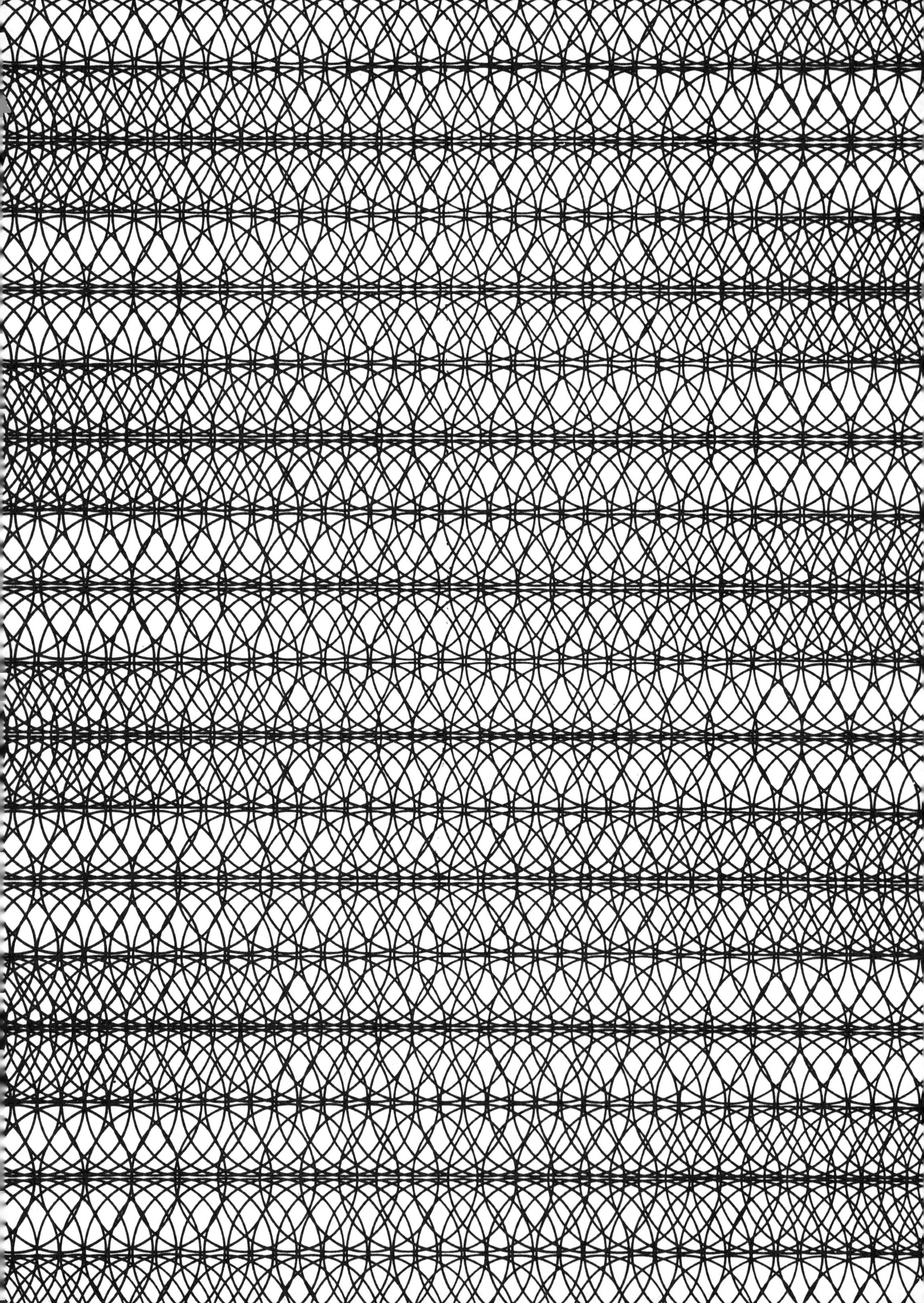

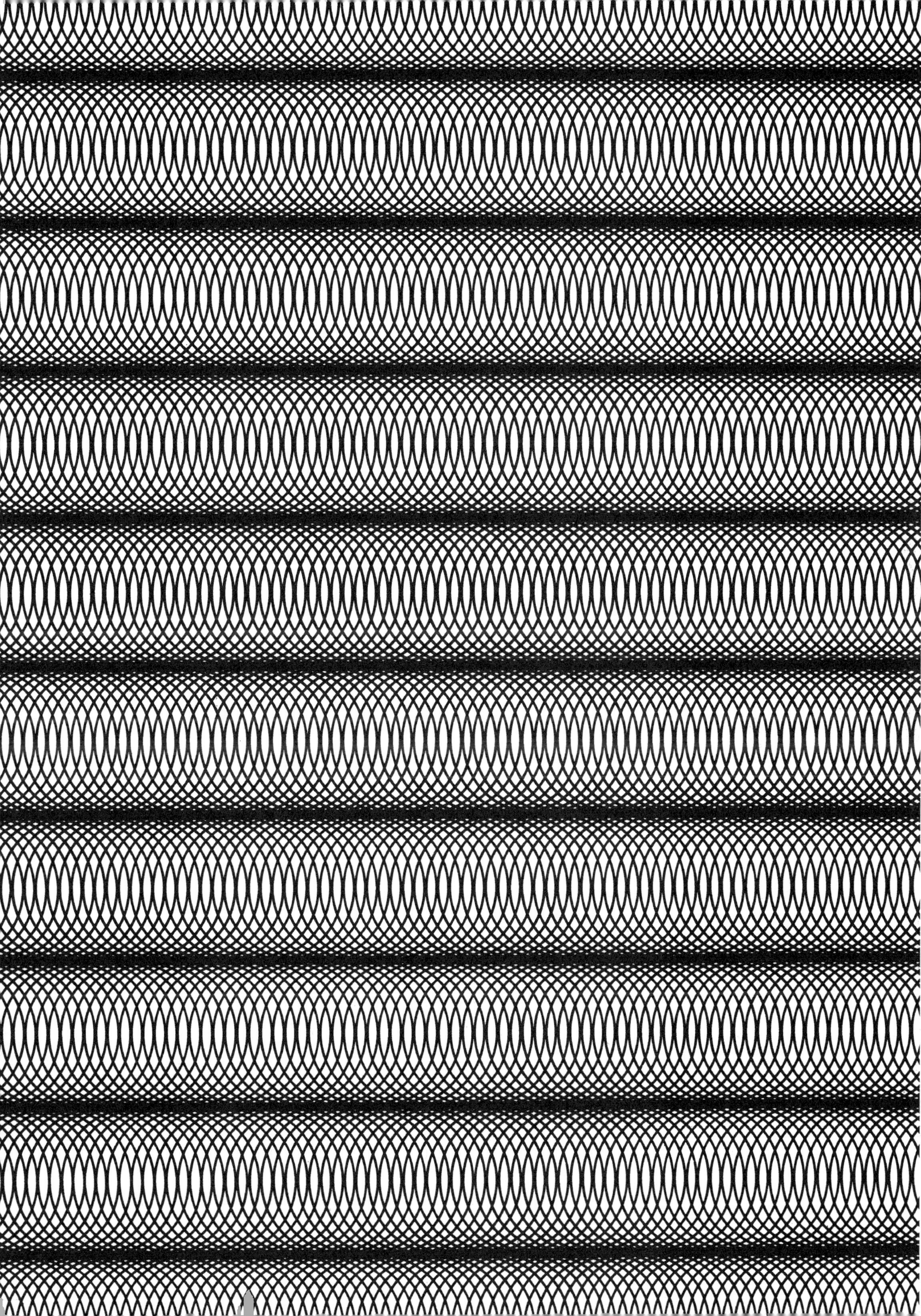

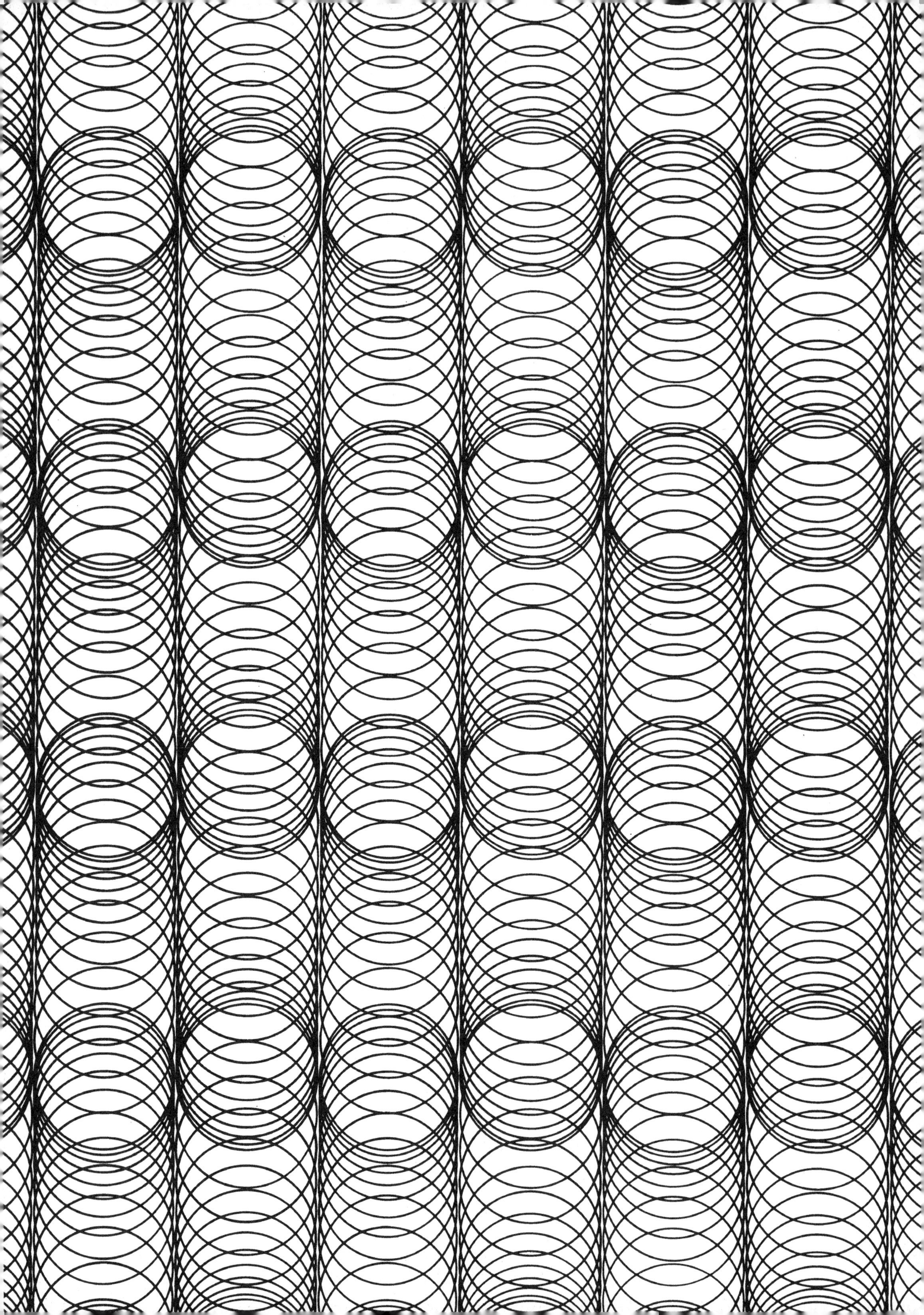

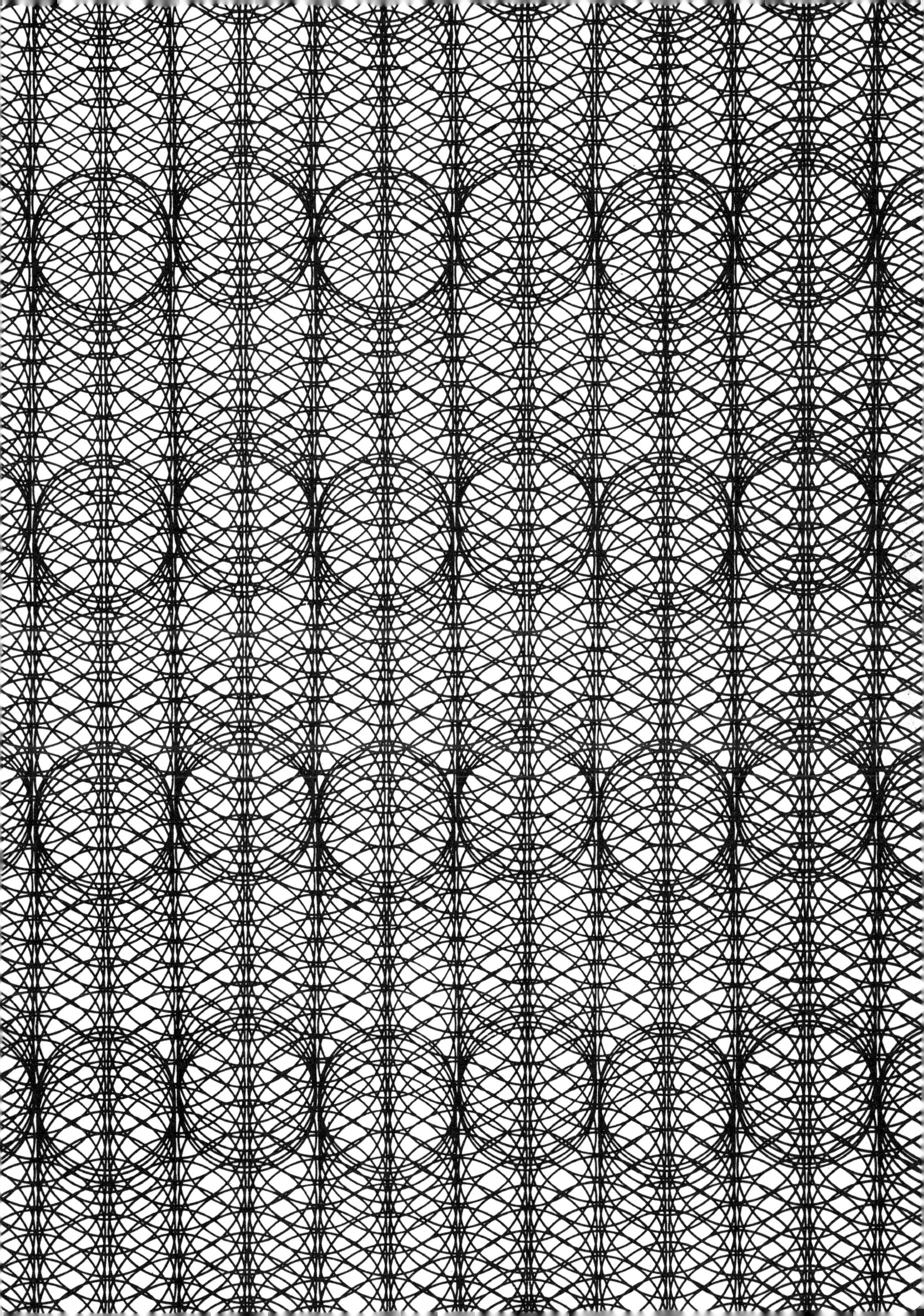

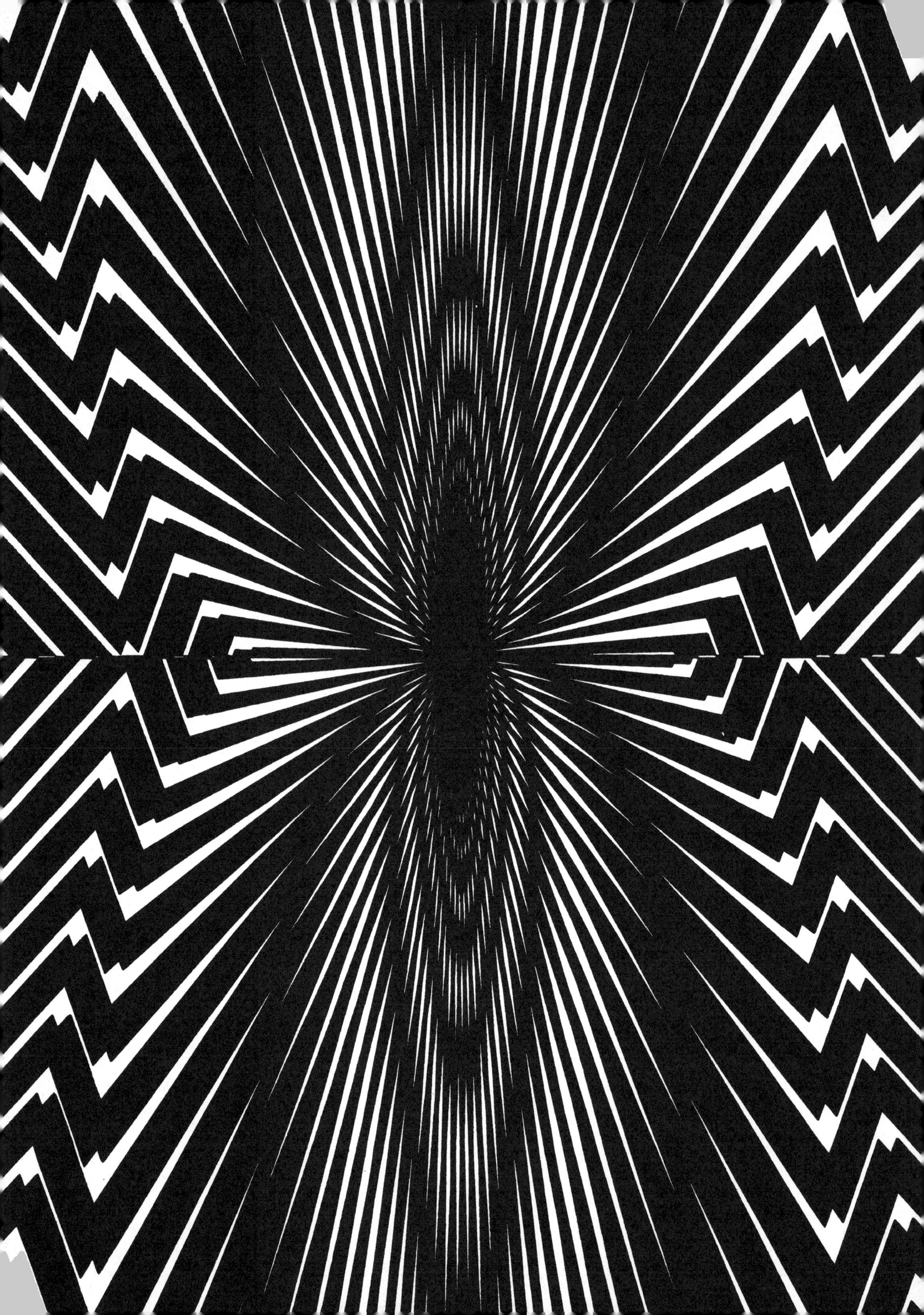

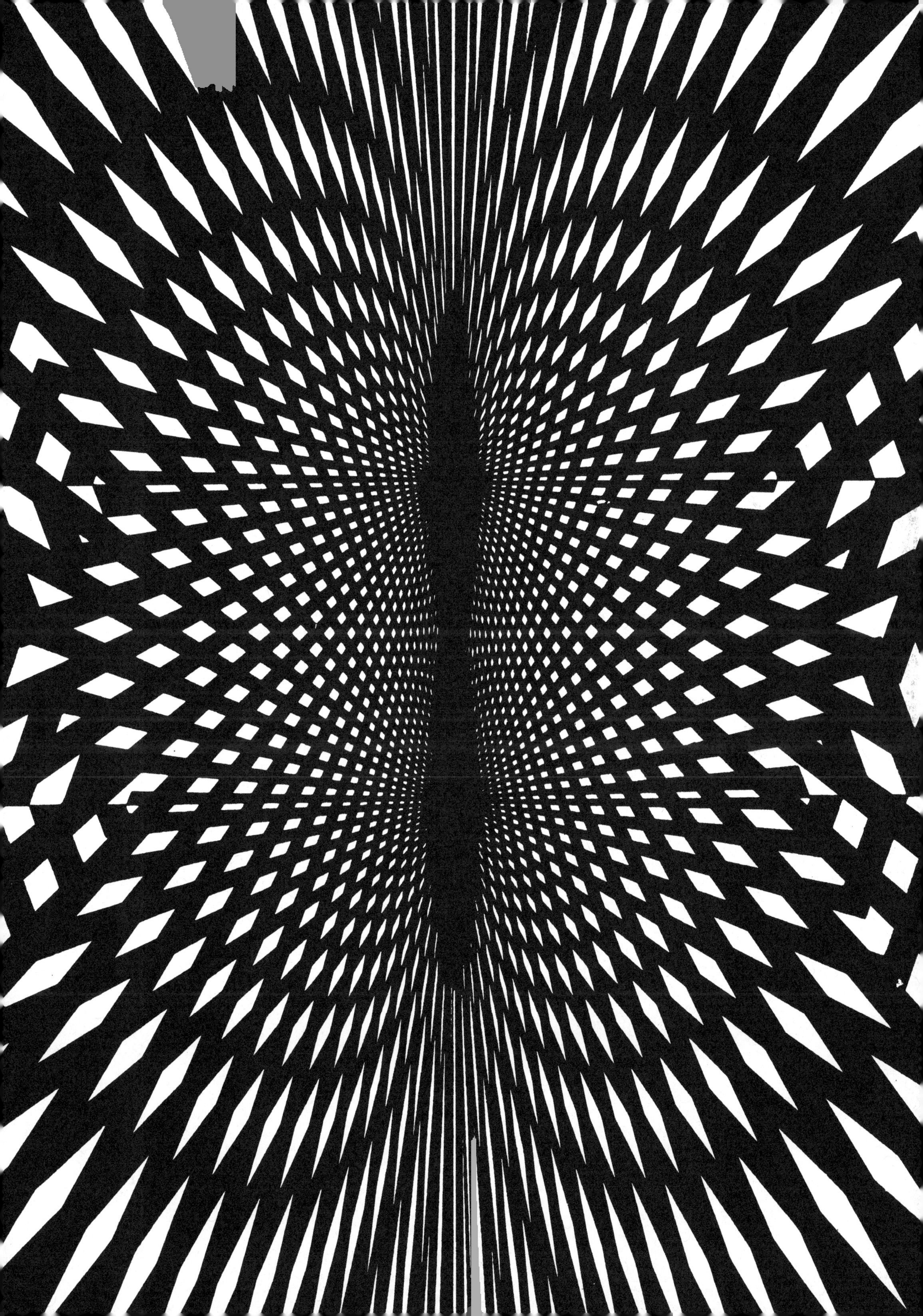

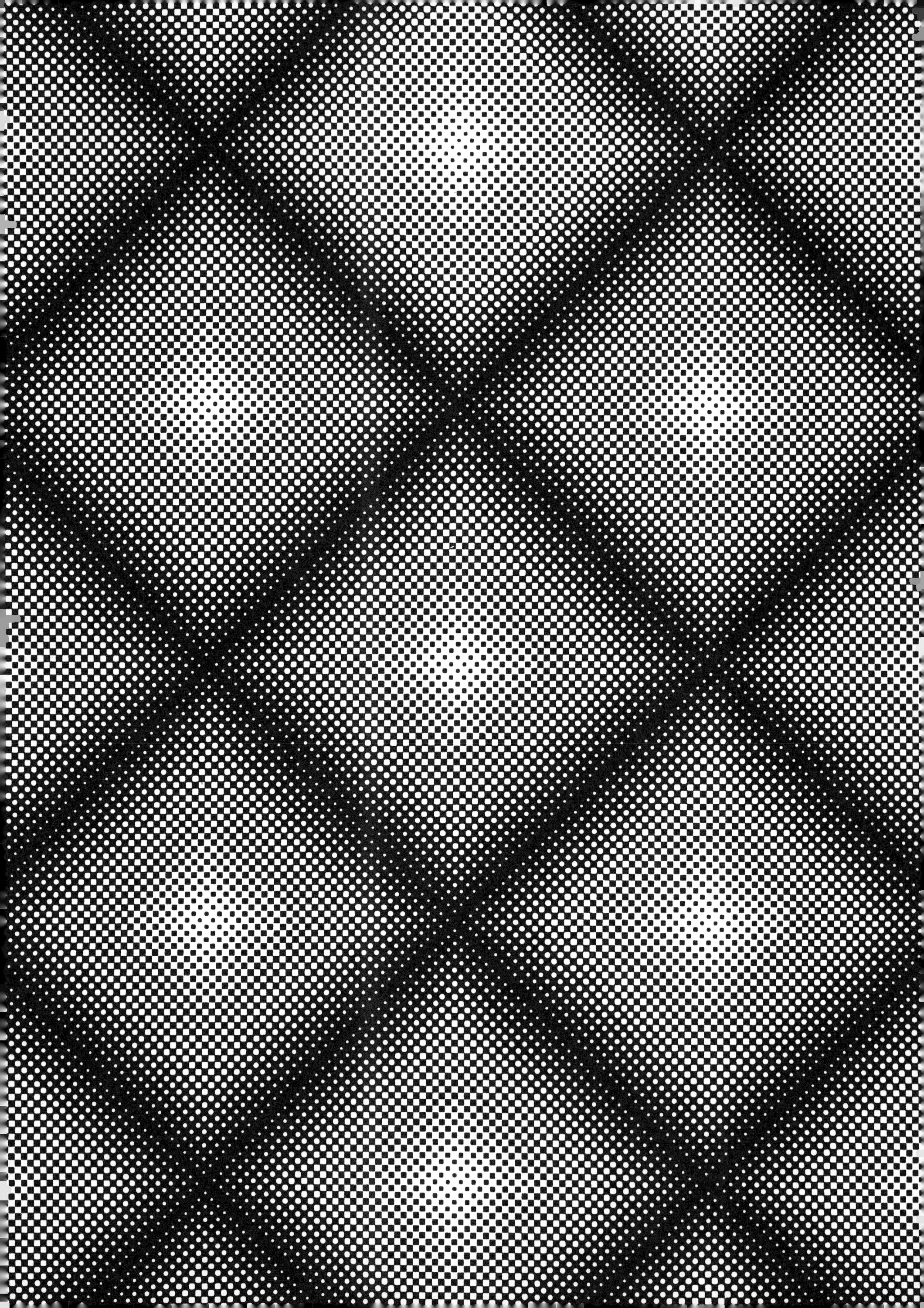

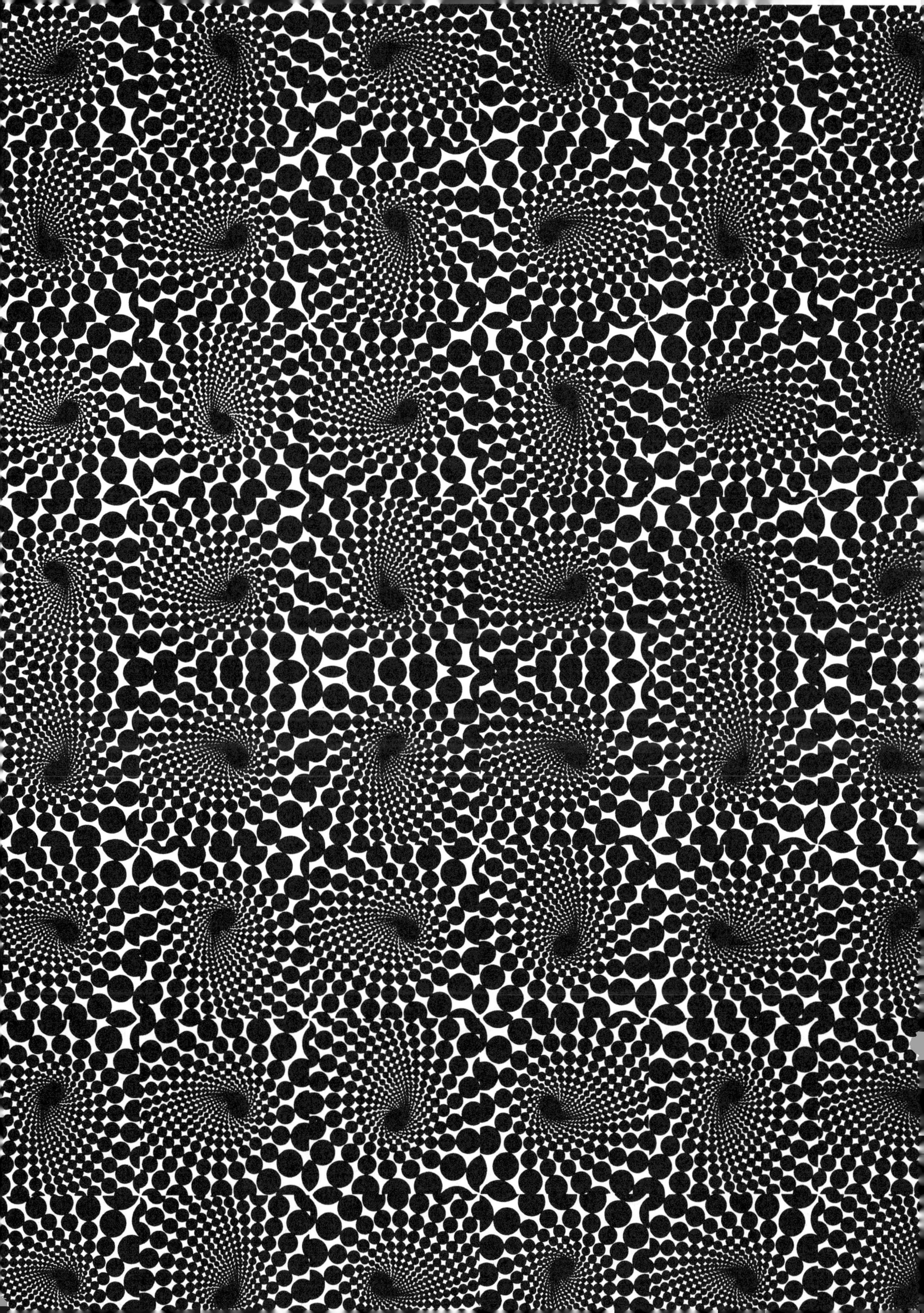

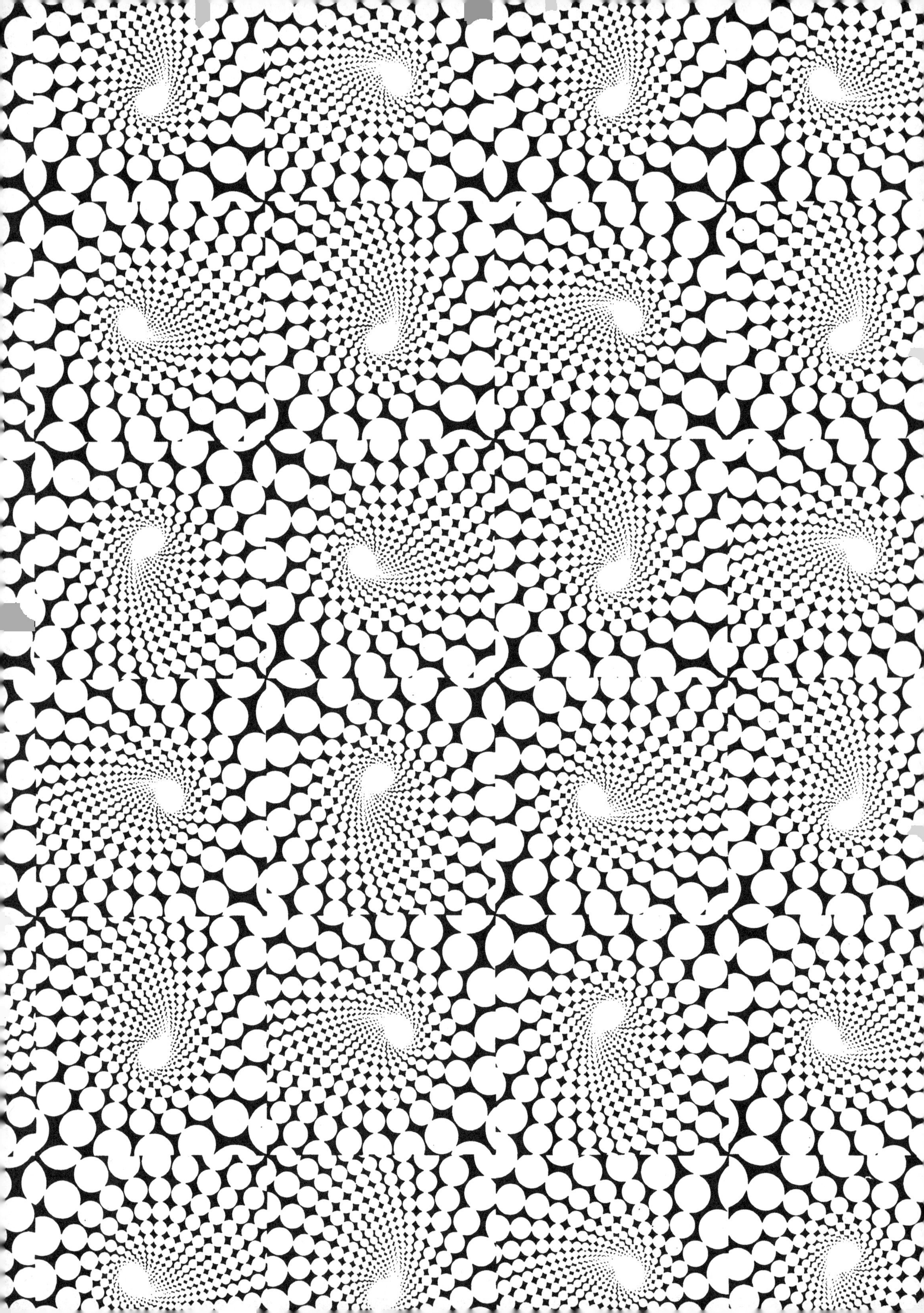

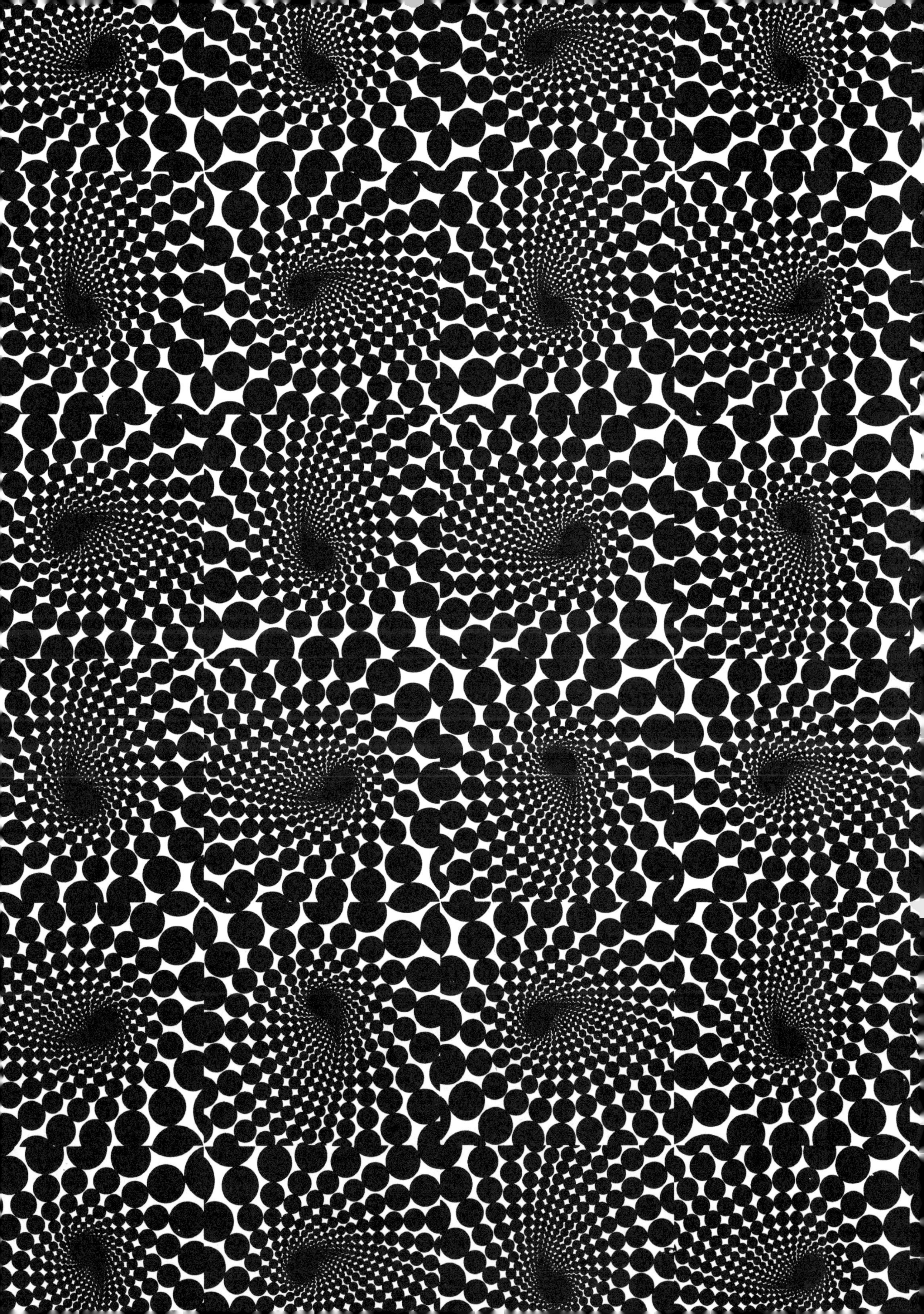

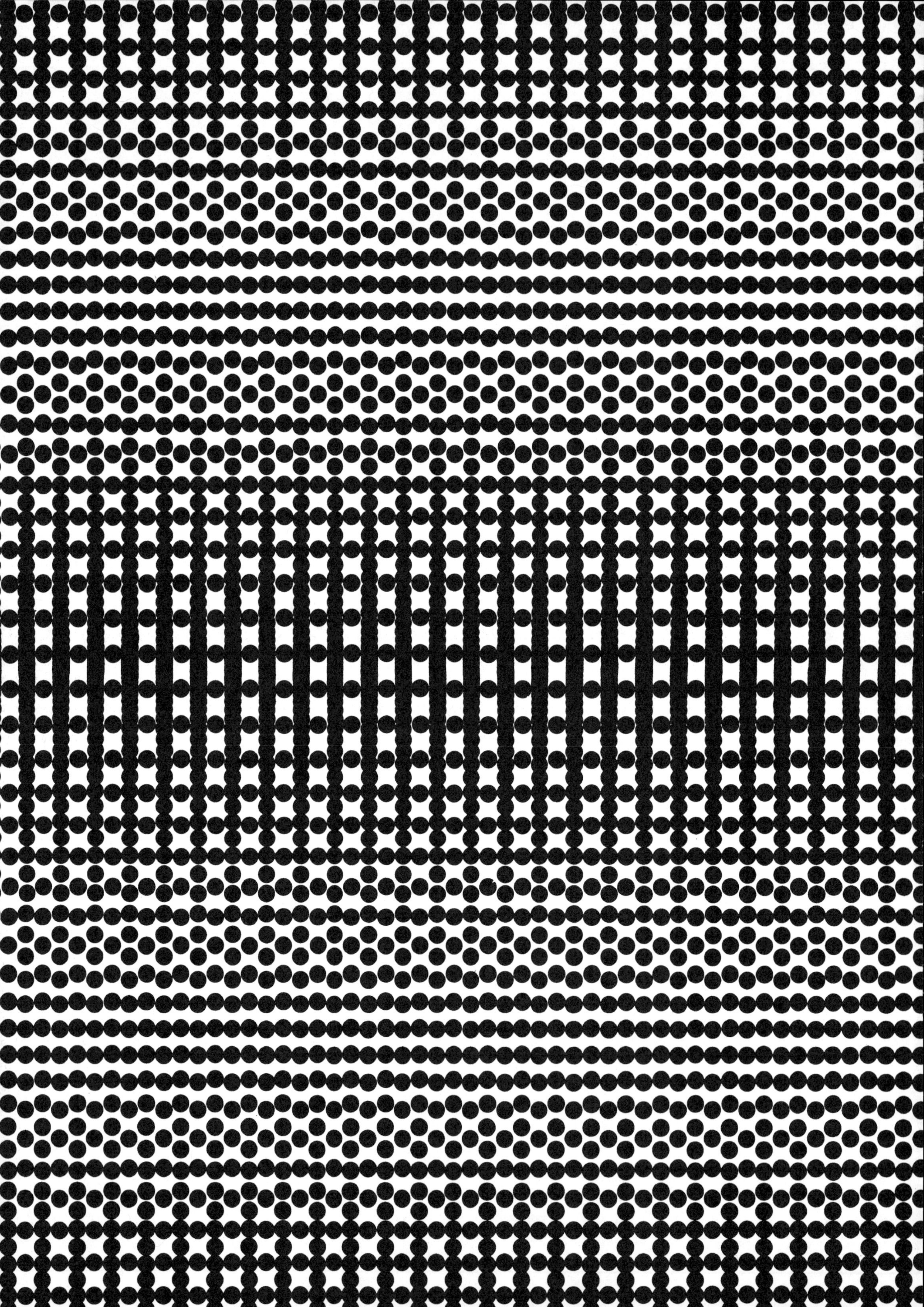

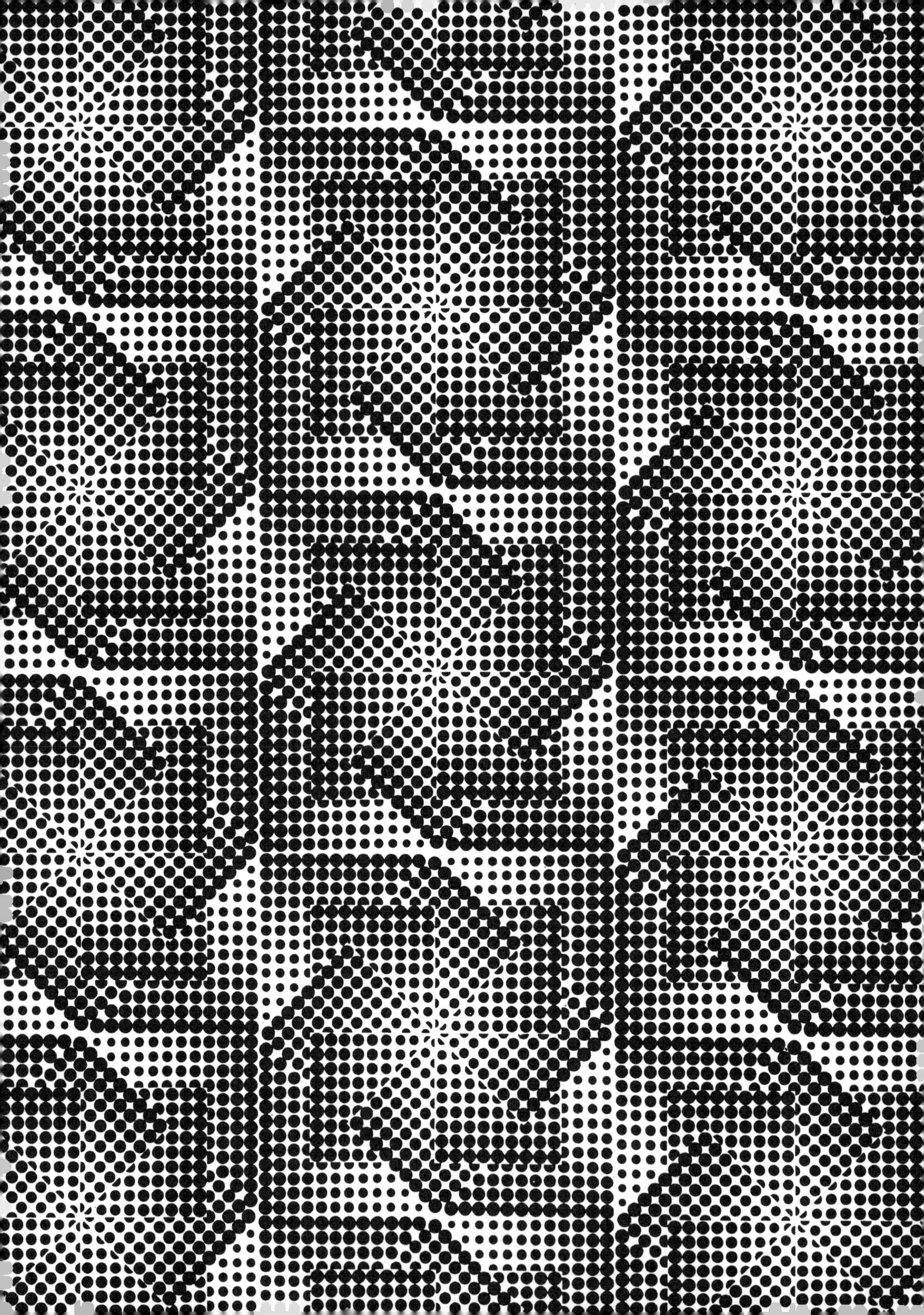

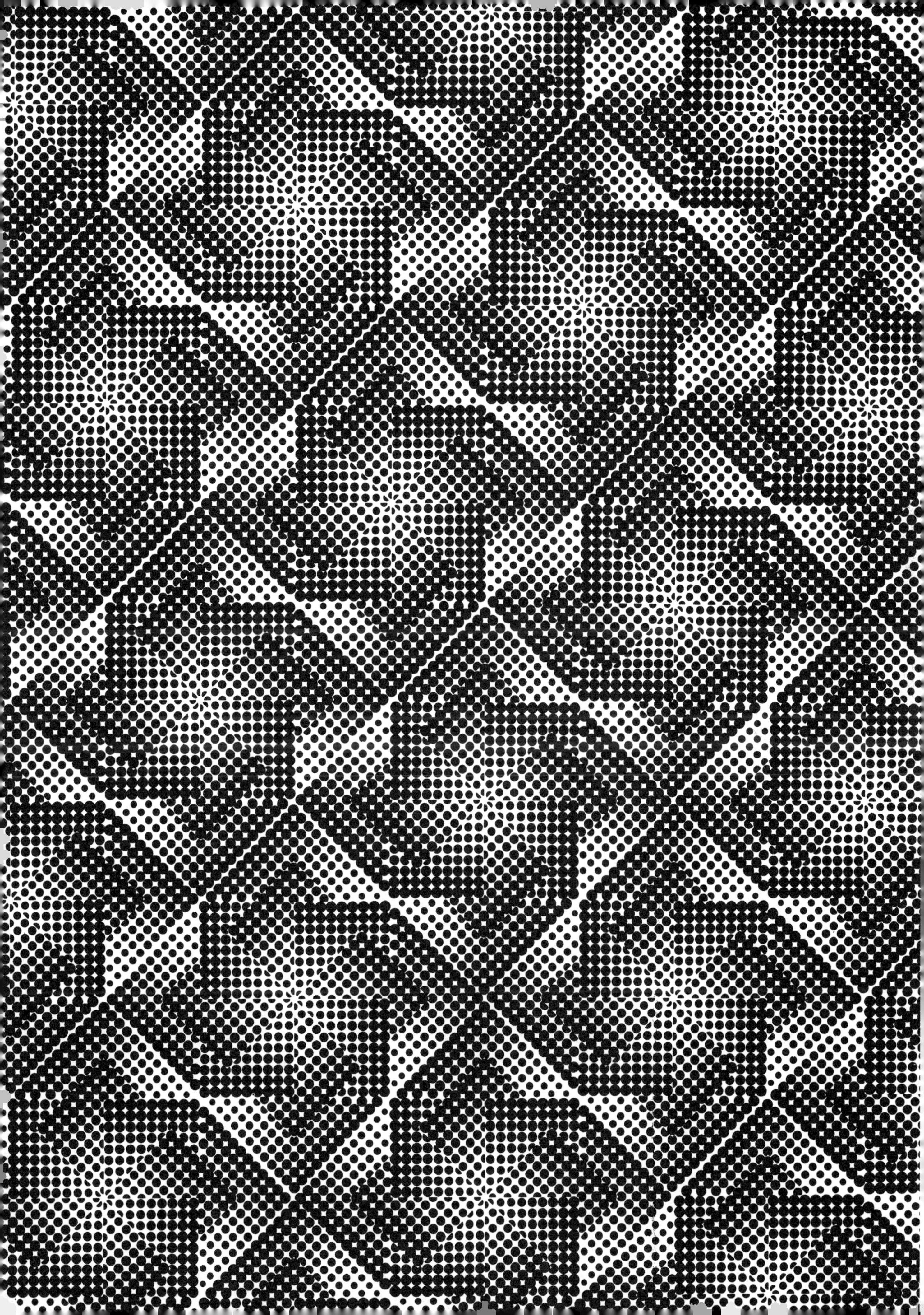

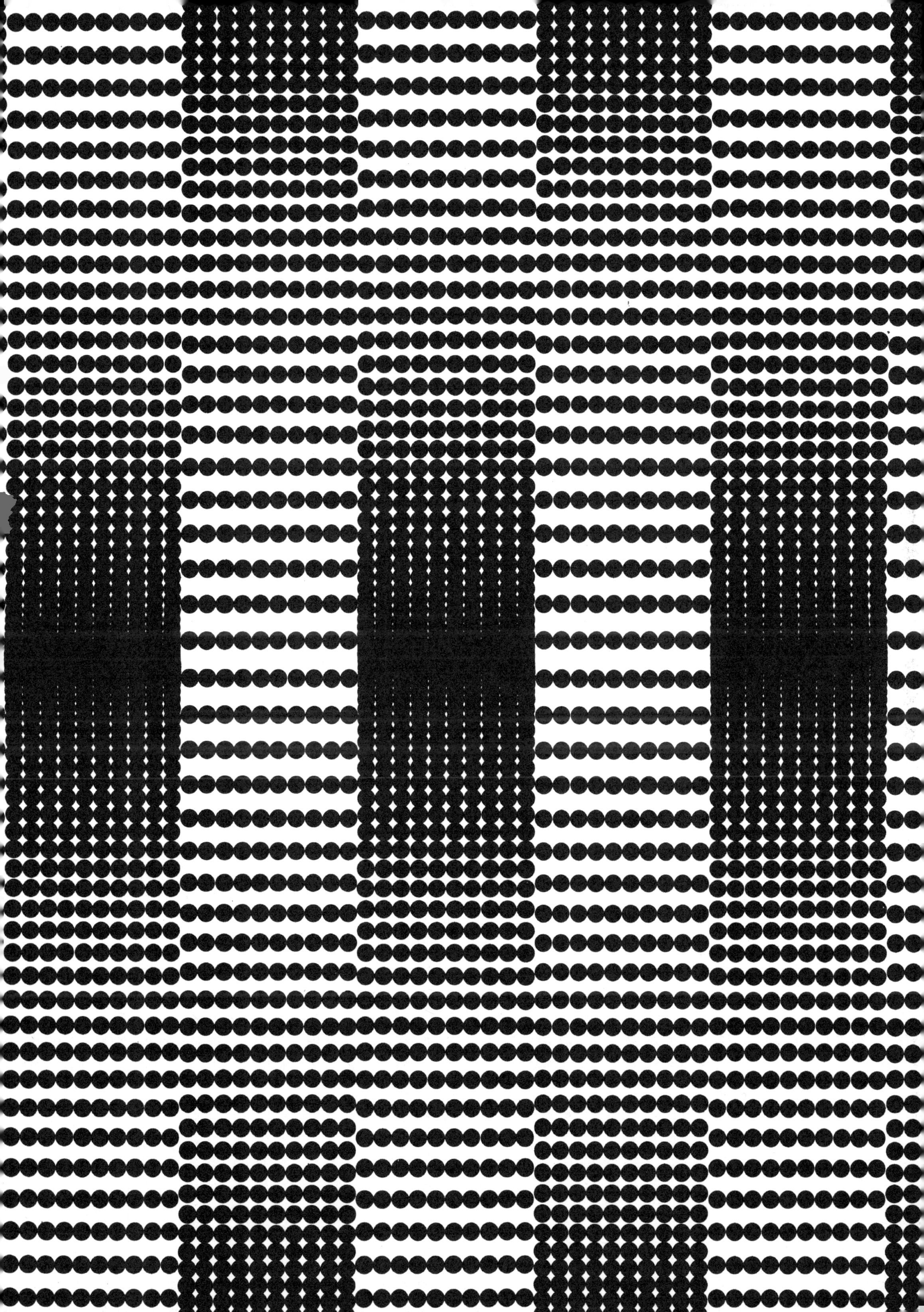

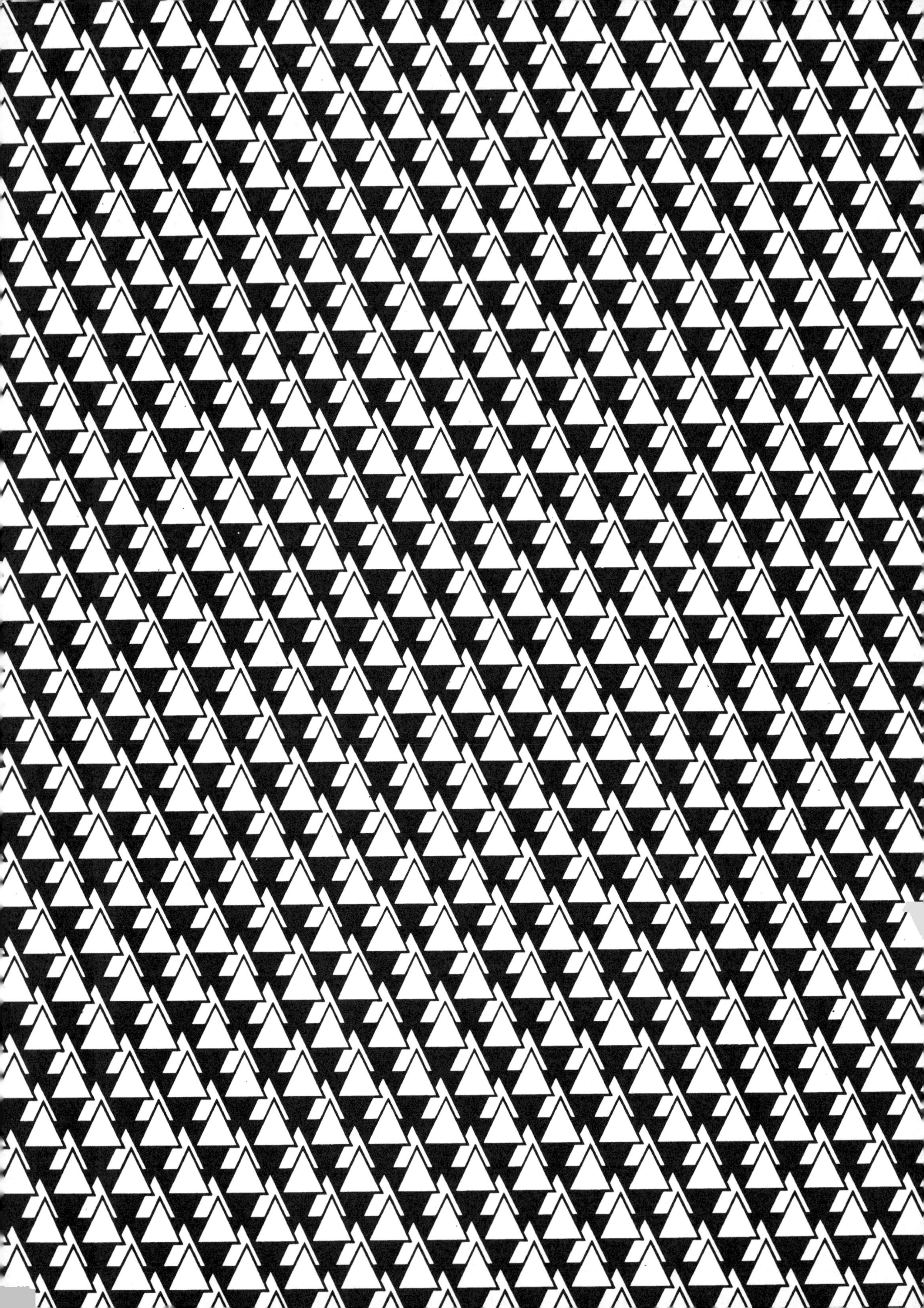

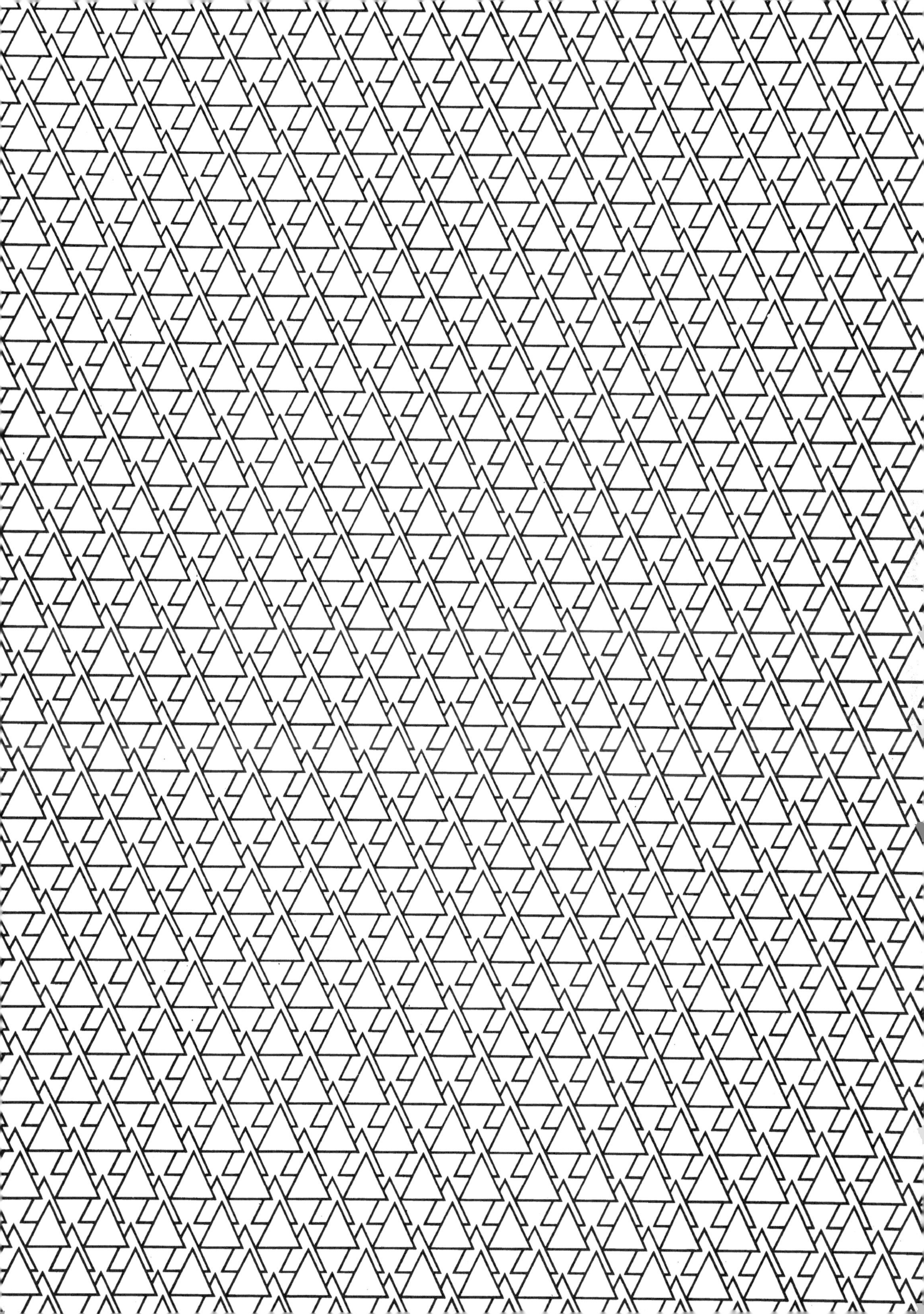

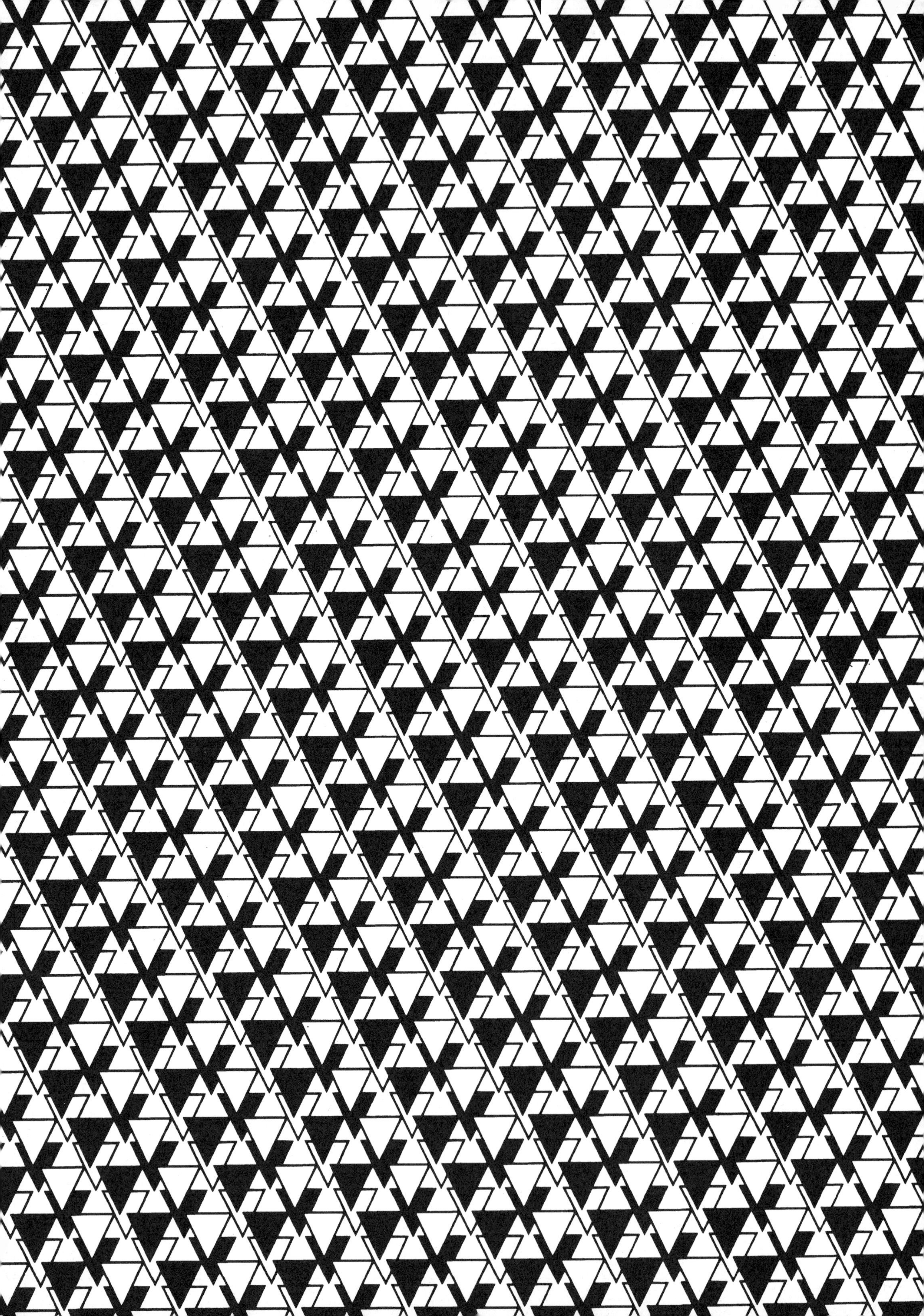

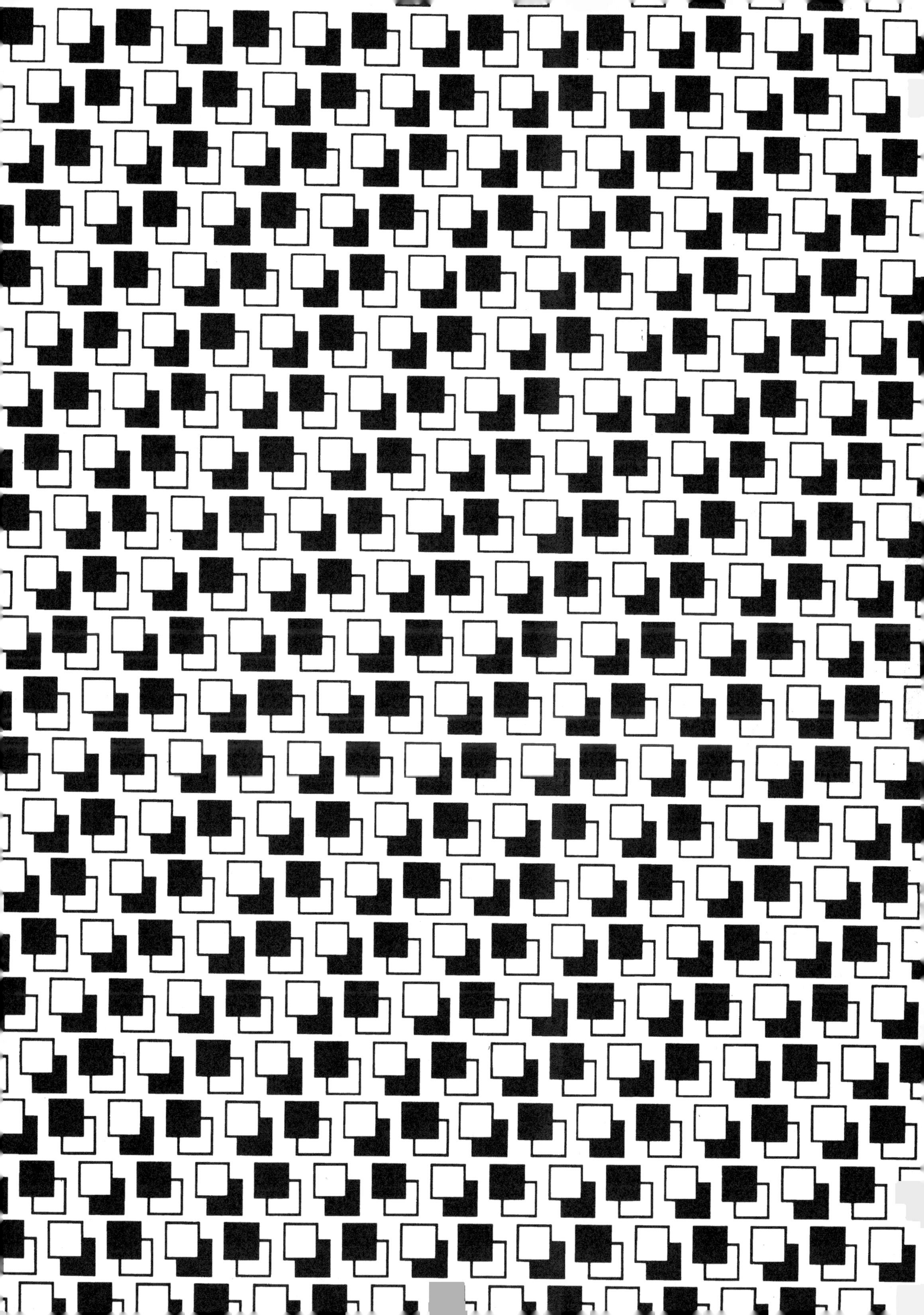

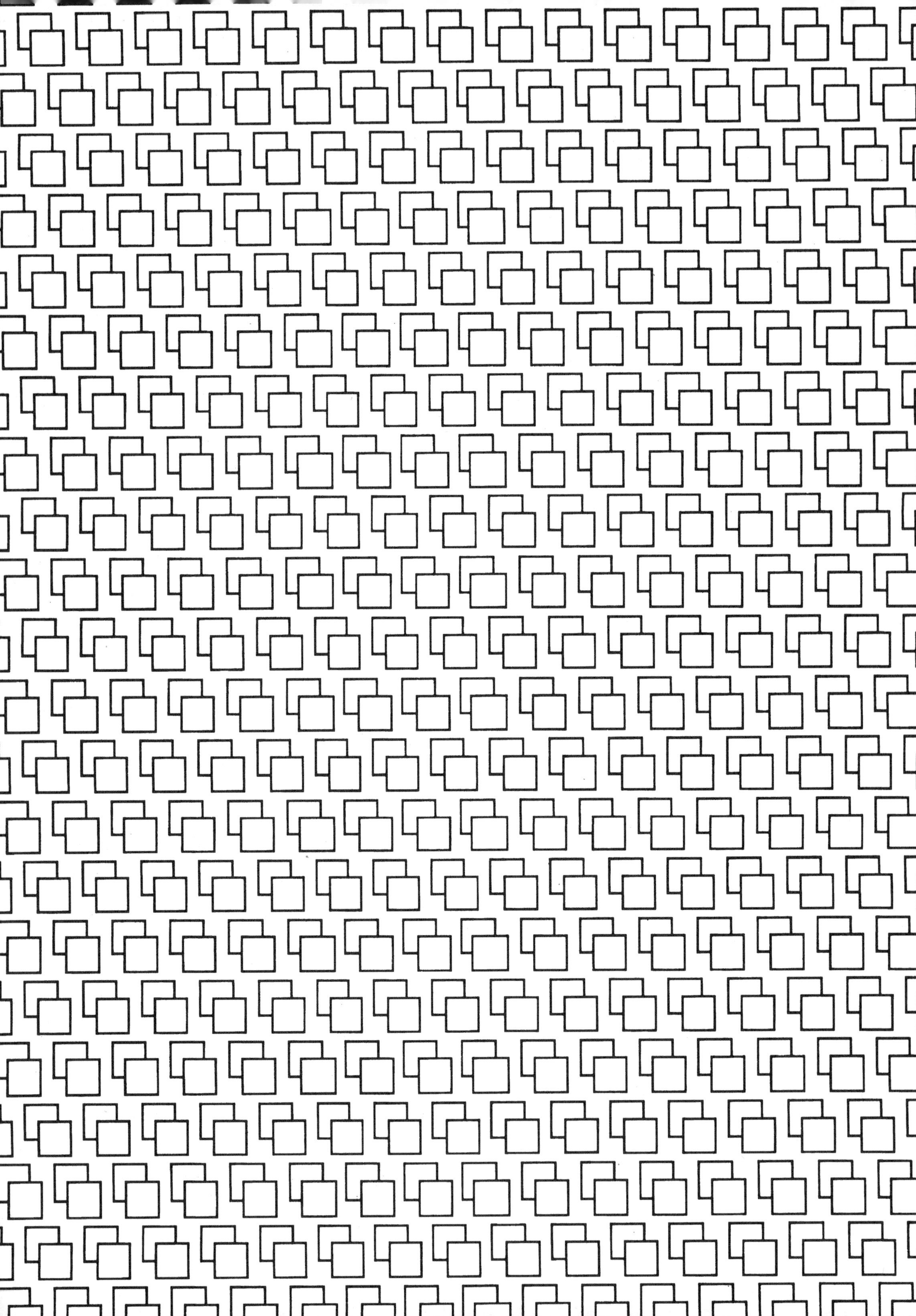

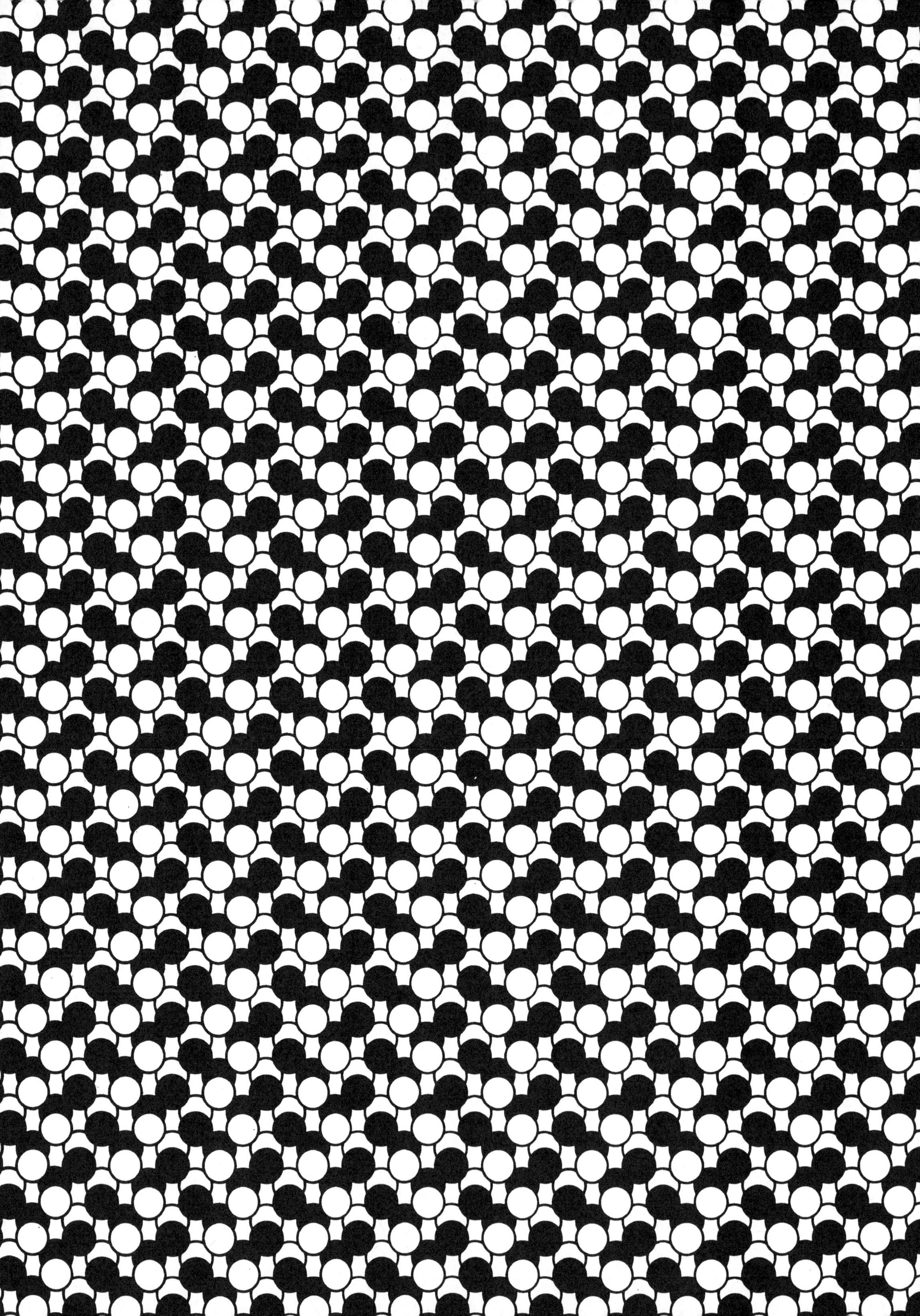

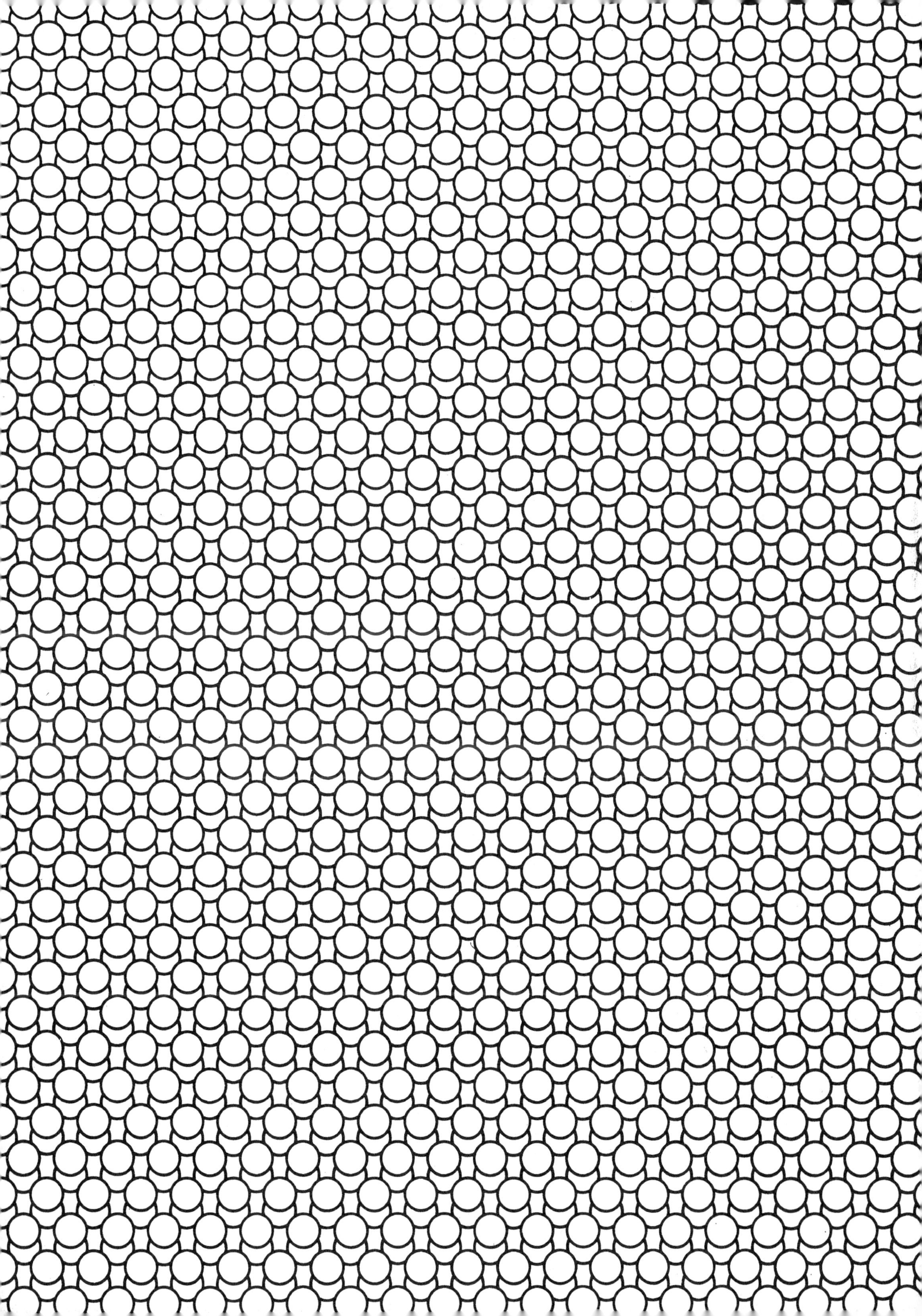

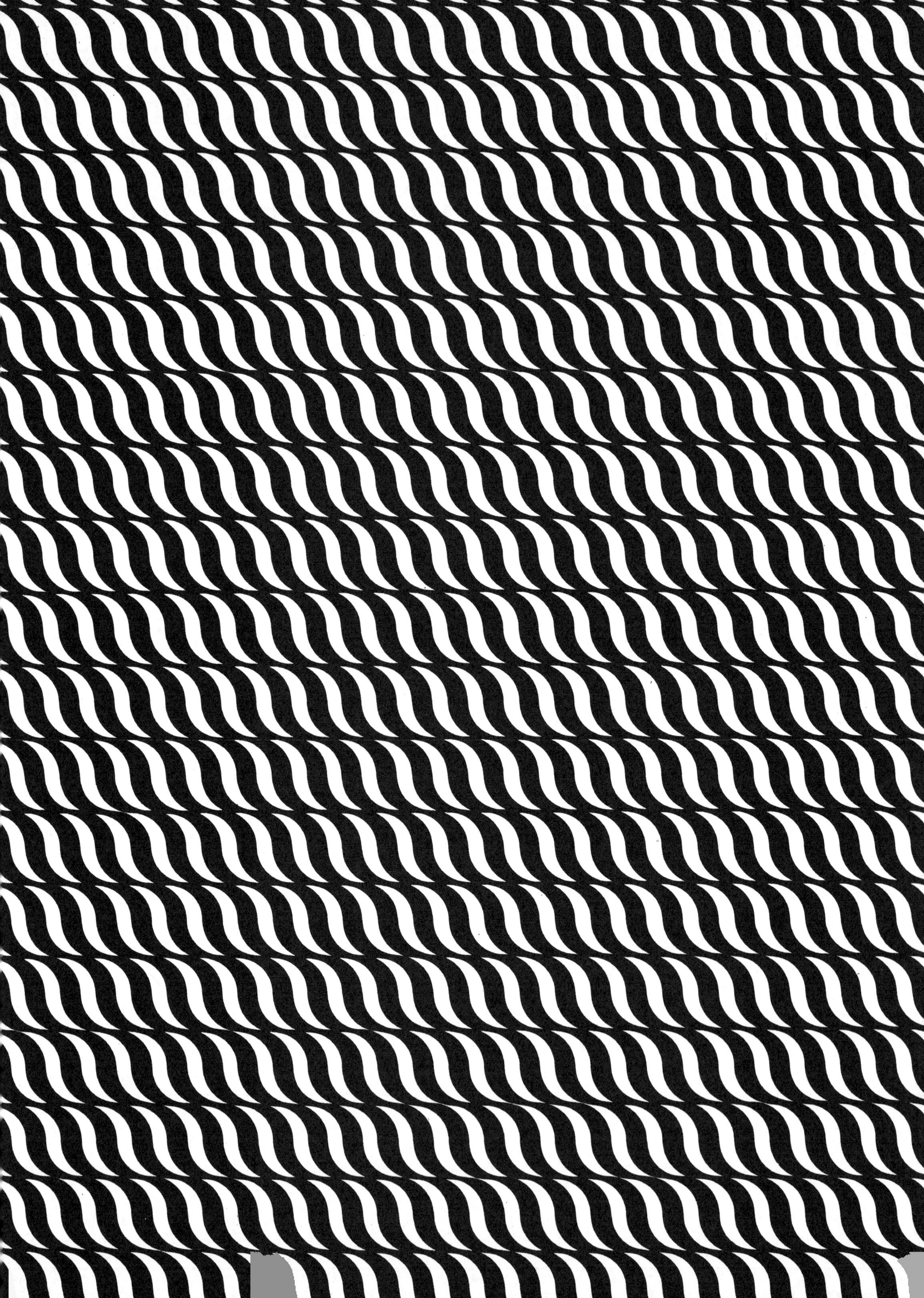

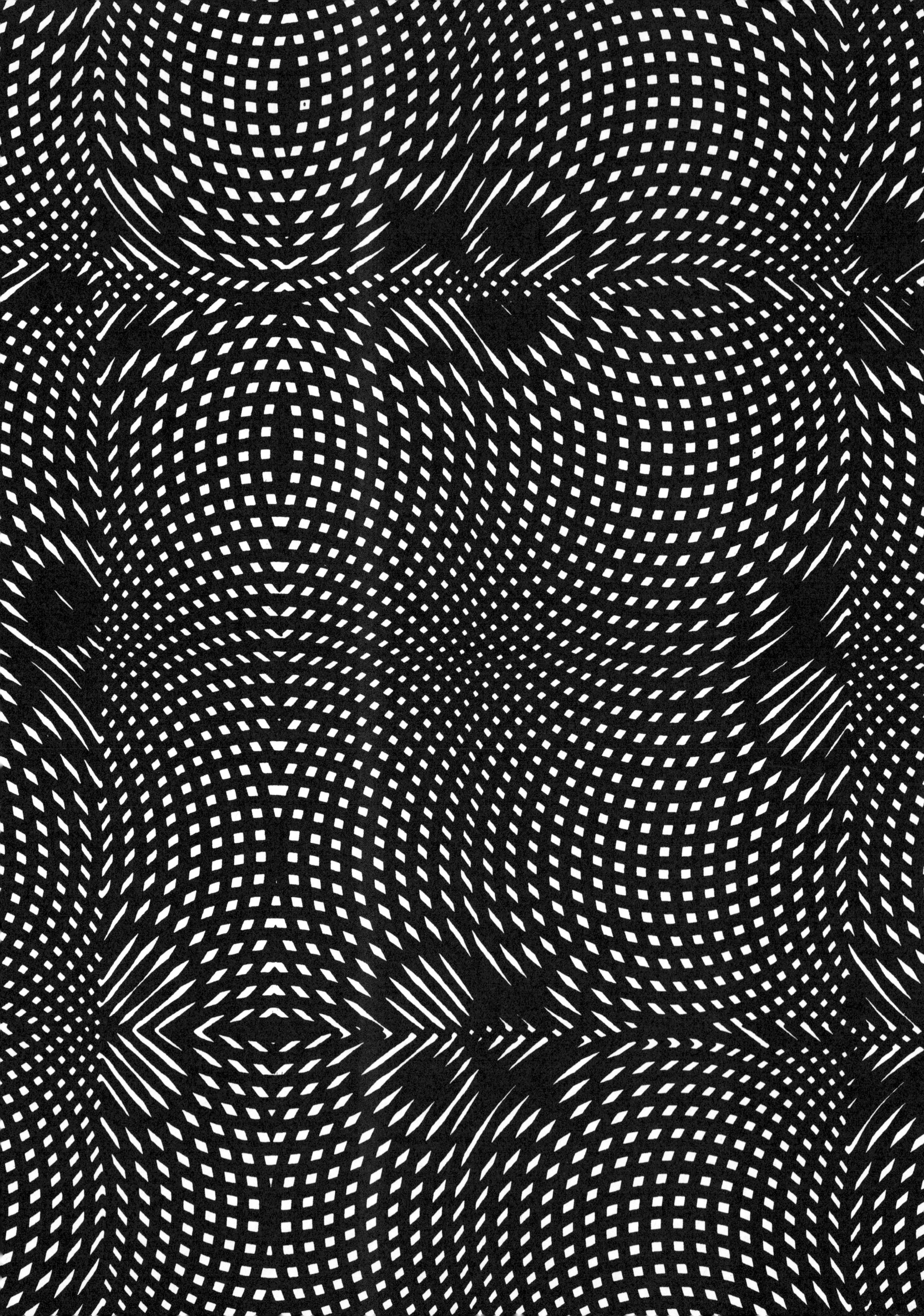